〝イイタイコト〟をつかまえて

もしも君が、ほんとうに現代文の実力をつけたいなら、まず、キーワードはどこにあるかとか、チャチな選択肢の見分け方とか、今までの読書体験はどんなだったかとか、そういった《国語入試問題必勝法》式のくだらないことから聞きたがるかもしれないけど、実をいうと僕は、そんなことはしゃべりたくない。第一、そういったことは僕には退屈だし、第二に、現代文というのは、フィーリングや法則や知識や経験から話そうとするのなら、めいめいの設問に二回ぐらいずつ脳溢血を起こしかねない科目なんだ。そんなことですぐに頭に来てこの科目を嫌いになっちゃうんだよね。いい科目ではあるんだけど。だから、そういうことをやるつもりはない。それに、僕は何も、〝方法〟とか〝鉄則〟とかをひけらかして、たまたまそれが当てはまる問題を並べて解いてみせるというインチキ、100%ビーフだけど実はほとんど肉が入ってない、マズクて嘘くさい学食の牛肉カレーみたいなことをやらかすつもりはない。ただ、論理的に文章を読んでいって筆者のイイタイコトをつかまえる、そのことを話そうと思うだけなんだ。つまり、イイタイコトが正確に把握できるなら、君の読解力は十分なわけだし、君はどんな文章だってとりあえ[illegible]観的に理解できるわけだし、もちろん入試の現代文の実力は身についてるというわけだ。

さあ、

とにかく、

君の読解力を開発しよう。

◆テキスト使用について

1　本文

文章を正しく理解することが最も大切です。**本文の要旨**つまり筆者が君に**イイタイコト**は何かをつかむことに全力を尽くしてください。

2　設問

時間にこだわらず、自分の答えを出してください。単に答え合わせをするのではなく、**解答の論理**つまり**ナゼソウナノ**と考えてみてください。

◆目次

〔　〕内は『解説・解答編』

第1問　次の文章を読んで、後の問に答えなさい。

　都市のあり方、捉《とら》え方は大別すれば、次の二つに分かれるだろう。まず、①イセイ者・指導者の構想に基づき、都市計画によって人為的につくられた都市である。明確な時代精神、都市の理念に裏打ちされてはじめてこれが可能となる。一方、人々によって生きられた空間としての都市、という捉え方がある。都市のなかで生活し、行動する人々の様々な［A］が実際の都市空間を意味づけ、それに豊かな［B］を付け加えていくという見方である。文学的都市論のアプローチも、当然この立場をとる。

　このような観点から江戸の都市形成を見るならば、次のようなことがいえよう。まず、初期の江戸は、城下町の明快な理念に基づき、②計画された空間としてイセイ者の意図通りに形成された。だが、明暦大火後、とりわけ中期以降の江戸は、城下町としての枠組を越え、豊かな自然をとりこんで周辺部に大きく発展し、山の手では「田園都市」、下町では「水の都」という、いずれも生きられた空間としての都市の魅力を大いに高めたのである。

　現代の東京は、まさにそうした町の③ライレキを④引きずりながら生きているのであって、近代にいくら洋風の建築や新しい交通機関が導入されたからといって、基本的骨格はそう簡単に崩れるものではない。近代・現代の東京の町も、以上のような性格をもつ江戸の町を下図としながら、その上に積み重ねられて成立しているのである。都市形成の第二の段階にあたるのは⑤文明開化に始まる明治の東京であるが、この時代には、江戸の蓄積そのものの上に西欧的要素を採り入れながらゆるやかに近代化が進められた。特に、幕府が倒れ、主人のいなくなった大名屋敷の跡地は、近代国家の首都東京に必要な様々な都市機能をもりこむ［ C ］としてそのまま活用された。都市の基本的骨格である町割や各敷地の形状はほとんど変えなくとも、土地利用の用途を変更し、その中身の建物を文明開化にふさわしく洋風の⑥イショウのものに置換することで、新時代への対応が円滑になし遂げられたのである。

そして異文化を受け入れ始めた明治の東京は町づくりや建築［ D ］のまさに試行錯誤の実験場で、新旧の要素が錯綜《さくそう》し、まことに面白い。現代の東京を歩いて外国人が指摘してくれるような、新旧の要素の奇妙で独創的な組み合わせのたぐいは、この明治の東京の町に展開したことを今なおそのまま引きずっているもののようにも見える。

読解力開発問題

右の文章を二つの意味段落に分け、要旨を一〇〇字以内でまとめよ。

要旨

問一　傍線①・③・⑥の部分を漢字に直しなさい。

問二　空欄 A に入れるのに最も適切なものを、次の中から選び、その記号をマークしなさい。

ア　現実の意識　イ　暮しの事実　ウ　人生の多様　エ　営みの集積

問三　空欄 B・D に入れるのに最も適切なものを、次の中からそれぞれ選び、その記号をマークしなさい。

B　a　アイデア　b　イメージ　c　エネルギー　d　コントラスト

D　ア　システム　イ　スケール　ウ　デザイン　エ　ファッション

問四　空欄 C に入れるのに最も適切なものを、次の中から選び、その記号をマークしなさい。

a　格好の器　b　新型の容器　c　最適の土壌　d　有閑の地

問五　傍線②「計画された空間」に対比されている語句を文章中から抜き出しなさい。

問六　傍線④に「引きずりながら」とありますが、この文章中で、「引きずる」と最も関係の深い表現の語句を、次の中から選び、その記号をマークしなさい。

ア　意図通りに形成される　イ　簡単に崩れるものではない

ウ　その上に積み重ねられる　エ　円滑になし遂げられる

問七　傍線⑤「文明開化」について、文章中の言葉を用いて十五字以内で説明しなさい。

問八　右の文章中、「近代・現代の東京」が面白いという筆者の理由は、根本的にはどういうことですか。その理由の、最もまとめて述べてある部分を、十字以内で抜き出しなさい。

第2問　次の文を読んで、後の問に答えよ。

文学的な経験と科学的な経験の性質を区別することは、それぞれの典型的な例については、あまり困難な仕事ではない。

科学は［ア］的な経験の一面を抽象し、抽象化された経験は、他の同類の経験と関係づけられて分類される。このように抽象化され、分類された経験は、原則として、一定の条件のもとで繰り返されるはずのものである。従って科学は、法則の普遍性について語ることができるのである。たとえば一個の具体的なレモンは、その質量・容積・位置・運動等に還元されることによって、力学の対象となり、またその効用や生産費や小売価格などに還元されることによって、経済学の対象となる。力学や経済学は、具体的なレモンについてではなく、抽象化された対象について、その対象が従う法則をしらべるのである。

文学は具体的な経験の具体性を強調する。具体的な経験は、分類されることができない。また決してそのまま繰り返されることもない。分類の不可能な、一回かぎりの具体的な経験が、文学の典型的な対象である。(1)梶井基次郎の『檸檬《レモン》』の経験は、その色、その肌触り、その手に感じられる重みのすべてに係り、それを同じ質量の石によって換えることもできないし、それを同じ値段の他のレモンで換えることもできない。彼が必要としたのは、レモン一般ではなくて、いわんや固体一般でも、商品一般でもなくて、そのレモンである。そしてその日、そのところで、そのレモンによる経験は、たとえ同じレモンによっても、別の日、別のところで、再び経験されることのないものである。すなわちその経験に関して、［イ］をつくることができないのは、いうまでもない。そのレモンのそのレモンたるゆえんにもとづく経験——具体的で特殊な一回かぎりの経験は、科学の対象にはならない。まさに科学が成りたたぬところにおいて、文学が成りたつのである。文学の表現する経験は、科学の扱う対象から、概念上、はっきりと区別することができる。

しかし文学を、科学から区別するのと同じやり方で、日常生活から区別することは困難であろう。日常生活の経験は、文学的な面を含むと同時に、また科学的な面も含む。日常生活における経験は、文学の出発点ともなり得るし、また科学の出発点ともなり得る。八百屋でレモンを買う主婦は、多かれ少なかれレモンを商品としての、また食品としての一面からみて、そのレモンの他の性質を無視するであろう。またそうするからこそ、主婦の［ウ］は蓄積され、法則化され、上等のレモンを安く買う買物上手にもなり得るのである。梶井基次郎流のレモンの経験は、主婦を買物上手にはしない。もっと一般化していえば、およそ社会生活を営む上に必要な知識を、主婦にあたえない。しかしそういう実用的な知識を必要としない子供は、母親が台所においたレモンをみて、その光沢に惹《ひ》かれ、手にとってみてその冷たい肌触りに、ながく忘れることのない感覚的なよろこびを感じるかもしれない。その感覚はそのときかぎりのものである。古来詩人の心を以て童心にたとえたのには、理由がある。しかもその理由は、子供の心が純真無《む》垢《く》だからではない。そうではなくて、子供は社会に対して無責任だからである。責任がないから、その経験を積み重ねて、法則を見出す必要もない。従って経験を分類し、分類するために抽象化する必要も少ないだろう。すなわち具体的経験をその具体性において捉えることができる。もし主婦の買うレモンが［エ］学者の対象にちかいとすれば、(2)子供のレモンは、梶井基次郎のレモンに似ているのである。

総じて経験の抽象化の程度という点からみれば、(3)日常生活の経験は、一方で文学的経験と連続し、他方で科学的経験に連続している。別のことばでいえば、経験の抽象化の軸によって、一方の極端である文学的経験を、他方の極端である科学的経験から区別することは容易だが、その中間の［オ］的経験から区別することは困難だということになる。

読解力開発問題

右の文章を二つの意味段落に分け、要旨を一〇〇字以内でまとめよ。

要旨

問一　次のそれぞれの補足の文は、本文中のどこに入れればよいか。入れるべき部分の次の五文字をそれぞれ記せ。

A　（その他の性質、たとえば位置や運動量などを捨象されることによって）

B　（その他の性質、たとえば色や味や産地や値段を捨象されることによって）

問二　空欄ア～オの部分に、本文中の適当な語、またはその一部を選んで入れよ。

問三　傍線（1）の「梶井基次郎の『檸檬』の経験」の特徴はどういうところにあるか。本文中の言葉を抜き出して十五字以内で答えよ。

問四　傍線（2）の部分で、「子供のレモン」のとらえ方は「梶井基次郎のレモン」のとらえ方とどのような点で似ているのか。本文中の言葉を用いて二十五字以内で答えよ。

問五　傍線（3）と同じ意味をあらわしている部分を三十五字以内で抜き出せ。

問六　次のうちから、本文の趣旨に即して正しいと思われるものを一つ選べ。

ア　力学も経済学もレモンを商品として取扱わない点に共通性がある。

イ　子供はレモンの肌触りに感覚的な喜びを感じる点で詩人である。

ウ　文学は一回限りの経験を対象とするが、科学はそうではない。

エ　主婦はレモンの値段に重きを置く点で、経済学者と同じ感覚を持つ。

オ　梶井基次郎のレモンの特徴は、色、肌触り、重みにある。

問七　次のうちから、梶井基次郎とほぼ同時期に活躍を開始した詩人の名を選べ。

1　谷川俊太郎　　2　北原白秋　　3　宮沢賢治

4　三好達治　　5　萩原朔太郎

第3問　次の文章を読んで左の問に答えよ。

① 日本の運命を変えたのは、四世紀ごろから進んでいた朝鮮半島における自然破壊でした。むろん、日本人がやったのではありません。朝鮮人がやったのです。山を掘りくずして、砂鉄を(A)(ト)り製鉄をはじめたのです。おそろしいばかりの自然破壊でした。鉄の製(B)(レン)には木炭を必要とします。わずか数トンの鉄をつくるのに、一つの山が裸になるほどの木炭を必要とします。

② 製鉄集団は、おそらく女性や子供をふくめて何百人という単位だったでしょう。それらが、朝鮮の山から山へ移動して、丸裸にしてゆきました。

むろん、そのあとに植林をするということはしなかったようです。朝鮮の山は、不幸なことに自然の復元力がよわいのです。むろん、ギリシャ文明が去ったあとのギリシャの自然ほどではありませんが、朝鮮の山々は乾き、山の土(C)(ジョウ)は風に吹きとばされて、岩の層が露出するといった風景になりました。むろんこれは、[イ]的想像力でいっているので、三世紀、四世紀の朝鮮には、そのことを書いた文献はありません。

③ 三、四世紀の朝鮮半島の製鉄業者たちに話をもどします。かれらは、遊牧民が草を求めて移動するように、森を求めて移動するひとびとでした。朝鮮の山々を裸にして

しまったとき、はるか南の海に、樹木の多い島々があることを知ったのです。それが、日本でした。やがていくつものグループが海をわたって、日本にきました。五世紀のころだったと私は推測しています。かれらがあたらしい猟場にしたのは、主として日本海に面した島根県でした。出雲といわれた地方です。

④ 以上は、鉄についてのべつつ、それとのかかわりにおける好奇心の成立、さらには商品生産への出発ということでとらえていただければ幸いです。

十三世紀から十五世紀にかけての時代は、日本における最初の製鉄時代というべきものでした。その時期、日本が中国に輸出した輸出品目の最初の品物は、鋼でした。鉄が安くかつ豊富になったため、国内的には、農業用の土木がさかんになって、水田がいよいよふえました。

同時に、この十三、四世紀に日本人の形而下《けいじか》的なあるいは形而上《けいじじょう》的な好奇心がいよいよさかんになり、仏教は日本化され、職人たちはさまざまなものをつくることに熱中しました。日本文化の原型は、この十三、四世紀にできあがったということは、あらゆる方面から考えて、そのように結論することができます。

⑤ 以上でおわかりいただいたように、日本の製鉄はやっと五世紀からはじまったのです。それ以前に鉄器はわずかながら存在しましたが、朝鮮半島から輸入したものでした。鉄は古代では武器よりもむしろ、農耕の道具として、また土木や建築の道具とし

て役立てられました。本来、水田というのは土木を必要とします。鉄器のおかげで、水田面積がふえ、人口がふえました。水田がふえるという点では、古代の鉄器は欲望の刺激剤でありました。また鉄は、さまざまの道具を作るのに役立ちます。道具は人間に物を作らせます。その意味で、鉄は人間に好奇心をおこさせる刺激剤でもありました。あらゆる意味において、古代における鉄は社会を(D)(カッ)性化する刺激剤でありましたが、日本においては、鉄器の時代が、ユーラシア大陸よりはるかに遅れて、やっと五世紀からはじまったのです。

日本は雨の多い国で、山々はつねにスポンジのように水をふくんでいます。これは古代製鉄業者にとって幸運なことでありました。日本の山は、いくら木を伐《き》っても禿《はげ》山《やま》にすることのほうが困難です。もし山の木をぜんぶ伐って、植樹しないとしても、三十年でもとの緑の山に回ふくするといわれております。古代製鉄業者たちは、山を裸にしては、三十年たってもとの裸の山に帰ってくるというような運命をくりかえしました。

十三、四世紀のころは、おそらく日本は、アジア最大の鋼《はがね》の生産国だったと思います。

⑥ この四世紀前後の朝鮮における事情は、大規模な形としては、十六世紀の英国において、爆発的に急成長した製鉄業と森林破壊の関係を想像してくだされば——そして

それを古代的状況へ想像力をさかのぼらせて下されば――理解していただけると思います。ご存じのように、十六世紀の英国は、偉大なる産業革命への準備体操(E)の段階にありました。十六世紀に、サセックス地方やケント地方に製鉄用の高(ロ)のむれがたちならび、怪物のように森林を呑《の》みこんでは、鉄という卵を生みつづけました。

このため英国の森が壊滅しかけたころ、あたらしい燃料であるコークスが発明されて、英国の森林を救ったという事情を思いだしてくださると、ご理解が Colourful になるかと思います。

読解力開発問題

右の文章に関して、問一を解き、要旨を一〇〇字以内でまとめよ。

要旨

問一　右の文章はある講演の原稿に加筆したものであり、冒頭は①であるが、以下の論述の、段落を入れかえてある。論述の順序の正しいものを一つ選べ。

イ　①・③・②・⑤・⑥・④
ロ　①・②・③・④・⑥・⑤
ハ　①・②・⑥・③・⑤・④
ニ　①・④・③・②・⑤・⑥
ホ　①・②・⑥・⑤・③・④

問二　右の文章中 イ に入るべき語を、左記より一つ選べ。

1　小説家　2　歴史家　3　政治家　4　評論家

問三　右の文章中の（　）（A）より（E）に記入すべき漢字を左記より選べ。

（A）（ト）り　1 執　2 撮　3 捕　4 採
（B）製（レン）　1 錬　2 練　3 連　4 鍛
（C）土（ジョウ）　1 譲　2 壊　3 穣　4 嬢
（D）（カッ）性化　1 勝　2 滑　3 括　4 活
（E）高（ロ）　1 炉　2 露　3 侶　4 路

問四　右の文章の読後のノートとして、左の文章の正しいものをA、誤ったものをBとせよ。

1　日本人は形而下的な好奇心の方が形而上的な好奇心よりはるかに強かった。
2　自然の復元力は日本の風土においては甚だ強かった。
3　鉄が人間に好奇心を起こさせる刺激剤であったことは世界共通である。
4　さきの文章は日本に関心のあるイギリス人たちに日本の歴史を語った講演をもとにしたものである。
5　さきの文章は在日韓国人たちに日本の歴史を語った講演をもとにしたものである。
6　日本はイギリスに先んじて産業革命があったことは十三、十四世紀の鋼鉄生産によってもわかる。

第4問　次の文章を読み、あとの設問に答えなさい。

一般的に屏風《びょうぶ》はその名称どおり、風を防ぐ調度と認識されてきた。菅原道真の「屈曲初知用施来不畏風」（屈曲して初めて用を知り、もちいれば風を畏れず）の詩にも現われているように、屏風を用いることを知れば、風なんか怖くないのだ。日本の屏風の裏側に描かれている雀《すずめ》も、風を食う伝説の鳥から由来したものといわれている。しかしほんとうに屏風が風ふさぎだけの道具であったとすれば、とっくの昔に消えたはずである。それよりももっと機能的で安い風ふさぎはいくらでもあったからだ。屏風の名称を文字どおり読むと、a その本質をつかまえることは難しい。風を防ぐというのは、壁の一種の提喩であるからだ。韓国では普通、壁をパラム・ビョク（風壁）ともいうから、屏風と壁は同姓のものと見られる。「風ふせぐ外に役あり金屏風」（明和）の句に見えるように、屏風は実用的、儀礼的、装飾的の各レベルで多機能的に用いられるのが特色であるが、それはみな壁の機能に還元されるものである。〈防ぐ〉〈もたれる〉〈遮《さえぎ》る〉〈囲う〉〈仕切る〉〈飾る〉——壁にかかわる触媒語は、そのまま屏風にも使うことができる。

すなわち、b 屏風とは壁の記号なのだ。その構造を屈折させ、自由に変換したものである。だから屏風の機能と特色は、壁を建物から切り離したところにある。つまり壁のもっている不変不動の概念を可変可動なものにし、それに独立した自由を与えたということである。欧米人が個人の自由のために壁を厚くし細分化していったときに、東洋三国の人たちは、壁を自由にするために、それを軽く薄くした。そして壁が人間を拘束するのではなく、人間が壁を自由にコントロールする。それを実現したのが、他ならないあの屏風であったのだ。それによって、硬い壁は軟らかい風呂敷に変換して、人間を包むことが可能になったのだ。

まず屏風は壁の後面性を高める作用をする。壁を前に置くと防御するものになり排他的になるが、それを後ろにすると何かを[c]姿勢になる。屏風は「もたれる」壁の機能を高めさせる高音譜記号である。

屏風は天子が臣下を朝見するときに背後に立てて用いたのが、その始まりだといわれている。その形態も今の折畳み式のものとは違い、斧の形を縄で縁どった一枚物であった。物理的に空間を仕切らなくても人の後ろに屏風を置くだけで、簡単にプライベート・ゾーンがつくれ、他人との境界を形成することができたのだ。屏風を背面にしてもたれると、天子は臣下と同じ部屋にいながらも、天子自身の空間を保つことができる。それはちょうど仏像の光背とか聖者の背面を包んでいる円光の効果で、たえず神聖空間をかもしだすのと同じ機能である。今でも宴会場などで一角に金屏風を立てることがある。そうすると広い空間の中で、そこだけに円光効果が現れる。

屏風の前に立つと、もうその人は集団ではない個人になる。しかし物質的な壁で仕切られた密室に独り離れている存在とは違う。屏風は「一緒にいる独り」のパラドックスの空間を与えているからである。屏風はスポットライトのような軟らかい光の壁で、その前に立つ主人公を包む。d だれでも屏風の前に座ると幸福に見える。屏風の前の人間は個人として集団に対立し、私と他人が二者選択的な壁によって分離された「西洋の人」とは違う顔をしているのだ。

壁は視覚の延長を遮って「ここ」という私的場所をつくる。アブラハム・A・モルが身元保証と呼んでいる空間である。くどくどしく述べなくても、屏風は間仕切り壁と同じ機能をもったものである。屏風の囲いによって、一般的な空間はすぐ濃密な私的空間に換えられる。病気にかかったり、衣を着替えたり、よごれものを隠したりするとき、屏風以上にすみやかで隠密な空間をつくるものはない。e その機動性と融通性において、壁とは対照的だ。その意味では壁よりも顔をちょっとだけ隠してとっさに私的空間をつくりあげる女性の扇子に近い。もっと正確に言えば、「ここ」という空間をつくり出す機能よりも、それを直ぐ崩していくところに真の屏風の生命があるのだ。屏風は崩壊するために存在する壁である。「ここ」という空間に「今」という瞬間のはかなさを取り入れた壁が屏風である。屏風の実用性と美しさは、まさに開くように閉じることができるあの両義性にあるのだ。

屏風は折り畳むから屏風である。と同時に屏風は折り畳めるから空間ばかりではなく、f時間まで仕切ることができる。子供は産母を囲む屏風のなかで生まれる。そして子供の後ろに屏風が置かれると誕生日なのだ。若い男女の後ろに花鳥の屏風を立てると結婚式になり、白髪の背後に「十長生図」の屏風を張りめぐらすと、還暦の宴である。遂にその日が来て、住み慣れた日常の床が白い素屏に囲まれると、この世からあの世への空間が分けられる。死の後も屏風のおかげで、年忌を迎えることができる。固定した硬い壁では演出できない時間の壁である。

読解力開発問題

右の文章を三つの意味段落に分け、要旨を九〇字以内でまとめよ。

要旨

問一　傍線部ａ「その本質をつかまえることは難しい」というのはなぜか。もっとも適当なものを次の１～５の中から一つ選び、その番号をマーク解答用紙の所定欄にマークしなさい。

1　屏風の名称は、その機能の一部を表しているにすぎないから。
2　屏風の名称は、必ずしもその体を表すとはいえないから。
3　屏風の名称は、もともとは壁の機能を表すものだから。
4　屏風の名称は、とりもなおさず壁の代替語にすぎないから。
5　屏風の名称は、その本質よりもむしろ機能を表すものだから。

問二　傍線部ｂ「屏風とは壁の記号なのだ」の「壁の記号」とはどういう意味か。もっとも適当なものを次の１～５の中から一つ選び、その番号をマーク解答用紙の所定欄にマークしなさい。

1　壁を建物から切り離して独立させたもの。
2　壁の機能を高め、機動性と融通性を与えたもの。
3　壁の不変不動の概念に独立した自由を与えたもの。
4　壁の特徴・機能を全面的に反映したもの。
5　壁を軽く薄くして質量を減少し抽象性を増大したもの。

問三　空欄［ｃ］にあてはまることばとして、もっとも適当なものを次の１～５の中から一つ選び、その番号をマーク解答用紙の所定欄にマークしなさい。

1　攻める　　2　迎える　　3　仕切る　　4　囲う　　5　遮る

問四　傍線部d「だれでも屏風の前に座ると幸福に見える」というのはなぜか。もっとも適当なものを次の1〜5の中から一つ選び、その番号をマーク解答用紙の所定欄にマークしなさい。

1　屏風には特別な席の後ろに立てられると場面を演出する効果があるから。

2　屏風には一般的な空間をすぐに濃密な私的空間に換える効果があるから。

3　屏風には個人を集団から孤立させずに光の壁で包む効果があるから。

4　屏風には一緒にいる人々の中央にいる特別の独りを選び出す効果があるから。

5　屏風には広い空間の中でその一角だけ特殊な空間に換える円光効果があるから。

問五　傍線部f「時間まで仕切ることができる」とはどういうことか。もっとも適当なものを次の1〜5の中から一つ選び、その番号をマーク解答用紙の所定欄にマークしなさい。

1　空間を囲うことにより「ここ」という空間に「今」という瞬間を取り入れることができる。

2　表と裏で図柄が違い、各面にも独立性があるので、別な空間と時間を表すことができる。

3　舞台装置として各レベルで多機能的に別々な場面を作り出すことができる。

4　同じ一枚の屏風で別の空間と時間を象徴的に作り出すことができる。

5　人の生涯を区切る節目の際に立てられて場面を演出することができる。

問六　傍線部e「その機動性と融通性において、壁とは対照的だ」とあるが、屏風の機動性と融通性はどのようにして得られたのか。「屏風の機動性と融通性は」で始めて、五十一字以上六十字以内で答えなさい。答えは記述解答用紙の所定欄に記入しなさい。

第5問　次の文章を読んで、後の問に答えなさい。

遠い・近い、というような概念をならべて対立させて見る認識が、たとえば「遠い親類より近くの他人」のような〈対比〉表現を生む。ところで、そういう対義的なふたつの項が、一対をなすだけではなくもっと微妙に接近し合って、やがて対立したまま結合することもある。対義関係が、二項にわかれるのではなく、連結され、「遠くて近いものは……」というような、一見矛盾したかたちの一項目になるばあいである。たとえば「慇懃《いんぎん》無礼」「　(1)　」などという言いまわしのなかでは、元来矛盾しているはずの概念どうしが結びついている。ことばの上から言えば、慇懃は無礼の反対である。

そのような、本来なら両立しない対義概念を、いわば、強制的につないでしまう〈対義結合〉型の表現は、論理学の基本原理のうち、同一律と矛盾律に真正面から衝突するようである。

同一律、「XはXである」。矛盾律、「あるものごとがXであると同時にXではない、ということはありえない」。

いずれも、多くの論理的原則と同様、あらためてことばで言ってみると、当たりまえすぎて、いかにもばかばかしい。「とうなすはとうなすである」、「とうなすがかぼちゃであって同時にかぼちゃではない、ということはありえない」。そして、それがばかげて感じられるのはもちろん、論理の根本原理がじつは、おおむね私たちの日常的認識の原理だからである。とうなすが馬車になったり、たぬきが茶釜《ちゃがま》に化けることはあっても、同時にその両方であることはなさそうである。

論理はいかにも、はじめは私たちの日常的認識の原理であった。ふだんの認識を造形する（ほとんど(2)ユイイツの）手だてが言語表現であり、その言語表現には何やら首尾一貫した原理があるらしい……と察したとき、人間はその首尾一貫性を取り出してみることを思いついた。(3)は元来、(4)の働きを純粋なかたちで反映するメカニズムとして発見されたはずである。

しかし、純粋なかたちで取り出された(5)が純化の道をたどったあげく、その(6)チュウシュツ母体だったものとはあまり似ていない姿に変わってしまう、というなりゆきは、特に驚くべきことがらではない。論理と言語はいつの間にか、いろいろな点で意見が合わなくなる。最大の相違点は、(7)が人間的な立場や視点を越えてしまったことであろう。逆に言えば、(8)はどうしても発言者の特定の視点や関心から離れることができない。そのいきさつがもっとも見えやすいかたちであらわれるばあいのひとつに、否定表現の問題がある。

論理においては、「X」の否定すなわち「非X」をもう一度否定すれば元にもどってしまうだろう。「非・非X」は「X」にひとしい。言語ではいくらか様子がちがってしまう。「可能である」の否定形「不可能である」を、さらに否定すると「(9)」となるが、それは、「(10)」にひとしいか。無論、ちがう。その相違はおもに、判断の経過にある。そこには、はなから「可能である」と割り切っていることと、はじめは「不可能だろう……」とすこぶる懐疑的だった精神がいろいろ迷ったあげくにやっと「不可能ではない！」と思い切ることとのちがいがある。

論理の世界で「XはXである」という同一律がすっきりと成立するのは、経過をゼロと見る、無時間的な、視点抜きの(11)遠近法のない世界を仮定するからである。Xは、いつどこからどう見てもXであって、けっして次から次へと新しい姿態を見せるようなものではない。いわば、Xの意味を決定的に固形化しえたという仮定であって、そのXはどこへどう持ちはこんでも変様しない固形物となる。つまり論理は、記号の意味が固形化しうるという――〈(12)〉――仮定によって、《意味論的な悩み》を棚上げにする。いつも揺れ動いて止まることのない《意味》、それを捨てきれない――〈(13)〉――言語においては、同一律が(14)ケッペキなかたちで実現しないのと同様に、矛盾律も当然、固形化されたかたちでは成立しない。［(15)］。

読解力開発問題

右の文章を二つの意味段落に分け、要旨を九〇字以内でまとめよ。

要旨

問一　傍線(2)(6)(14)のカタカナを漢字に改めなさい。（楷書で正確に書くこと）

問二　「(1)」に入れるのにもっとも適当と思うものを左の中から選び、符号で答えなさい。

A　油断大敵
B　異口同音
C　ただより高いものはない
D　神も仏もないものか

問三　空欄(3)(4)(5)(7)(8)に入れるのにもっとも適当と思うものを左の中から選び、それぞれ符号で答えなさい。必要ならば同じ符号をくりかえし用いてもよい。

A　認識　　B　論理　　C　対義　　D　言語

問四　「(9)」および「(10)」に入れるのにもっとも適当と思うものを左の中から選び、それぞれ符号で答えなさい。

A　可能である

B　可能は不可能である

C　不可能ではない

D　不可能は不可能である

問五　傍線(11)「遠近法のない世界」の部分で、「遠近法のない」と同趣旨の事柄を言いあらわしている部分を右の本文の第六段落から捜し出して、解答欄に示しなさい。

問六　〈(12)〉および〈(13)〉に入れるのにもっとも適当と思うものを左の中から選び、それぞれ符号で答えなさい。

A　その論理的不純さを身上とする

B　それはけっきょく意味を無視するということとおなじ結果になる

C　その複合的な意味はわからない

D　ことばで造形しようとする表現者の意志が首尾一貫性をうみだす

問七 空欄⒂に入れるのにもっとも適当と思うものを左の中から選び、符号で答えなさい。

A それは言語の欠陥による必然的なありかたである
B 原理をつらぬくという理性が働くからである
C それはみごとと言えばみごとな純粋化である
D ことばの意味の弾力性が働くからである

第6問　次の文章を読んで、後の問い（問1〜6）に答えよ。

　同時にいくつもの像を重ねて見ること、事象の境界を不確定にすること、こうした見方ないしは操作は、空間に関連している。たとえば、文学作品が鑑賞者の意識のなかに、作者が描出している情景を形成させ、それ以上に他の情景を誘導発生させてそれらを重ね合わせる操作も、私たちがA実際の空間を意識し、これに別な記憶の風景を想《おも》い出して重ね合わせるのも、同じように意識がとらえた空間に関するはたらきである。仮想の空間も実在する空間も、意識がとらえた空間として語らねばならないとなれば、窮極としては両者は同じものなのである。とすれば、何も文学だけでなく、諸芸術や工芸、はては日常生活の行動にいたるまで、ある種の空間にたいする認識が文化の底流にあるとする考え方がなりたち、それが「空間概念」と呼ばれるものである。

　〈境界がさだかでない〉という現象は、日本の空間、より範囲を狭くすれば日本の建築空間の特性である。言葉をかえれば、境界があると同時に境界がないような空間の連続性、あるいは領域の仕切り方があらゆるところに見うけられる。つまり、日本の建築には強い壁が少ない。ふすまや障子がその(ア)コウレイであり、部屋の境界は(イ)カヘン的である。都市には城壁はなく、家の敷地にも一般的にいえば強い境界はない。「借景」(注1)が、ひとつの美学的な手法になっているほどである。部屋の外に縁があり、その外に軒下のあいまいな領域がある。まったく日本の住居ほど領域分析がやっかいな住居はない。世界の伝統的な住居について領域分析をするのは、もちろん例外はいくらでもあるが、日本の住居ほどやっかいでない。壁によってかこまれた部屋があるからである。アフリカの複合住居（コンパウンド）のように、極めて複雑な構成をもっていても、領域分析は容易である。日本の住居は、障子をはずす、ふすまをはずすといった(ウ)ソウテイを入れれば、壁とは異なったあいまいな領域規定の要素を導入しないかぎり、通常の分析はまず不可能である。そうした仕切り方からくる分析は、日本の伝統的な住居には適していない。こうした確かな境界としての壁をたよりにした空間把握、〈容器としての性格〉に拠《よ》った空間把握が主調となっていないからである。

日本の伝統的住居の領域分析は、たとえば、はれとけ、表と裏、上手と下手、縁と奥といったようなB傾向分析によってとらえられてきた。これをより一般化すると、「しつらえ」であり「座」である。これらは、領域を漠然と指定する手段であり、見えない領域に秩序をあたえる方法である。このような概念は、物理的な壁（エンクロージャー）がなくとも、空間を〈場としての性格〉でとらえるところから生まれている。

こうした日本の空間にみられる特性は、従来、気候条件や生産方式によって説明されてきたが、それももちろんダ(エ)トウな説明である。しかし、日本の空間には、C身体的な快適さや技術にあわせて、境界を明確にしない方がよいとする価値観があり、そうした美学が日本の空間の諸形式を決定してきたと思われる。

D 閑《しづか》さや岩にしみ入《いる》蟬《せみ》の声　　芭蕉

芭蕉によって一挙にその意味の重みが明らかにされた「しみる」という動詞は、日本の文化の性格を説明する述語のひとつである。日本人なら、まず知らない者はいないと思われるこの句は、説明の要もなく、境界についてのメタファ(注2)である。実際のところ、事象が融合する様相は、美しい風景のひとつの条件として、今日なお日本人の価値観のなかに生きつづけているように思われる。たとえば、融合は、霞《かすみ》と花(桜)にみられる。霞や花は、もともと境界が定かでなく、不定形である。不定形なものの相互の融合、(オ)ハンゼンとしない色彩相互の浸透、不安定な音相互の重ね合わせ、これらは、日本中世の絵画や書や音楽の手法というより基本的な特性にみられるばかりでなく、日常の情景あるいは風景にあって価値づけられていたのではないだろうか。

（注）1　借景――庭園外の遠山や樹木などを、庭園の景観にとり入れること。

2　メタファ――metaphor　隠喩《いんゆ》（暗喩）。

読解力開発問題 右の文章を三つの意味段落に分け、要旨を一〇〇字以内でまとめよ。

要旨

問1 傍線部(ア)〜(オ)の漢字と同じ漢字を含むものを、次の各群の①〜⑤のうちから、それぞれ一つずつ選べ。解答番号は 1 〜 5 。

(ア) コウレイ 1
① コウエンを散歩する
② たくさんのコウラク客が訪れる
③ コウジョウ的に不安を感じる
④ 隣国とシンコウを深める
⑤ ユウコウ関係を築く

(イ) カヘン 2
① 水位のゾウカが見られる
② 営業のニンカが下りる
③ カテイの上の推論である
④ カガク的な組成を知る
⑤ ブッカの上昇が止まらない

(ウ) ソウテイ 3
① 彼女に賞がゾウテイされる
② テイキケンを落とす
③ テイシュツの期限を守る
④ テイセイの多さに驚く
⑤ やっとカイテイに到達する

(エ) ダトウ 4
① アットウされて言葉が出ない
② トウヒョウ率があまりに低い
③ 彼のトウセンは予想外である
④ セイトウを結成する
⑤ 規範をうまくトウシュウする

(オ) ハンゼン 5

① ついにハンケツが下される
② 大きなズハンだとわかりやすい
③ 先輩にズイハンしていく
④ ハンザツな手続きに疲れる
⑤ ショハンの事情であきらめる

問2 傍線部A「実際の空間を意識し、これに別な記憶の風景を想い出して重ね合わせる」とあるが、その実例として最も適当なものを、次の①～⑤のうちから一つ選べ。解答番号は 6 。

① いづくにもあれ、しばし旅だちたるこそ、目さむる心地すれ。
② 霧しぐれ富士を見ぬ日ぞおもしろき
③ さびしさの極みに堪へて天地《あめつち》に寄する命をつくづくと思ふ
④ 京都の博物館に一対になった万暦の結構な花瓶がある。
⑤ 一人の下人が、羅生門の下で雨やみを待っていた。

問3 傍線部B「傾向分析」とは、どのような分析のことか。最も適当なものを、次の①～⑤のうちから一つ選べ。解答番号は 7 。

① 確かな境界としての壁をたよりにした物理的な分析
② 社会的な上位・下位の関係を絶対的な基準とした分析
③ 境界がきわめて不明確で、形が定まらない抽象的な分析
④ 特定の主義に基づく、一つの方向にかたよった主観的な分析
⑤ 見えない領域に、ある価値観から相対的な秩序をあたえる分析

問4 傍線部C「身体的な快適さや技術にあわせて、」の意味として、最も適当なものを、次の①～⑤のうちから一つ選べ。解答番号は 8 。

① 身体的な快適さや技術に合致させて、
② 身体的な快適さや技術に調和させて、
③ 身体的な快適さや技術に相応させて、
④ 身体的な快適さや技術に加えて、
⑤ 身体的な快適さや技術に従って、

問5 傍線部D「閑さや岩にしみ入蟬の声」という句の、筆者の論旨に即した鑑賞として、最も適当なものはどれか。次の①～⑤のうちから一つ選べ。解答番号は 9 。

① 「しみ入」という表現は、蟬の声が強い境界を持つ岩の深部に浸透していく感じをあたえる。その声がひたむきであればあるほど、蟬の生の切なさを感じさせ、それがまた一生を旅に送った芭蕉の「漂泊の思い」の強さをも象徴している。

② 「岩にしみ入」と感じられる声の性質からすると、一匹の蟬の声が青空に鋭く響いているのであろう。とかく騒がしいものとされる蟬の声を、「閑さ」を深めるものとしてとらえたところに、芭蕉の美学の独自性がうかがわれる。

③ 蟬の声は岩という強い境界をもつ物体にしみ入り、山寺の大いなる「閑さ」の中に吸いとられていく。このような事象の相互浸透性や融合性を一句の中にみごとに定着させた芭蕉の言葉づかいと高い境地を味わうべきである。

④ 「しみ入」という表現は、芭蕉の理想とした「さび」の境地を示すものである。また、山寺の「閑さ」にひたり自然と一体化している芭蕉の姿には、事象を融合し、境界を不明確にすることをよしとする日本人の美学が示されている。

⑤ 静中の動をとらえて、同時に動中の静を感じさせる句である。この静と動の相互浸透をよしとするのが日本文化の伝統であり、その伝統に根ざしつつ、さらに高次の「閑さ」の境地をとらえたところに蕉風俳諧《しょうふうはいかい》の質の高さが認められる。

問6　日本人の空間把握の特性について、筆者はどのように考えているか。最も適当なものを、次の①～⑤のうちから一つ選べ。解答番号は 10 。

① いくつもの像を重ね合わせたり、事象の境界を不確定にしたりすることによって、仮想の空間に美を構築する方法は、芸術ばかりでなく、日本文化全般に及んでいる。

② 日本の気候条件や生産方式などによって培われた美意識が、身体的な快適さや合理的な技術以上のものを求め、不定形なものの相互の融合を進めてきたのである。

③ 境界をあいまいにして、空間の連続性を認めようとする考え方は、「借景」に見られるような、自然を畏敬《いけい》するという中世以来の伝統的自然観によるものである。

④ 日本の伝統的な住宅や敷地に明確な境界がないのは、日本人があいまいさを好む美意識をもっているからであり、それは空間意識の欠如を示すものである。

⑤ 日本人は、意識の根底に境界を明確にしない方がよいとする価値観を有し、不定形なものの重なり合いや事象の融合する様相に美を認めようとしてきたのである。

第7問　次の文章を読んで、あとの問いに答えよ。

レジャーとはなにか。レジャーをいわゆる自由時間と区別しようとする論者もあれば、この両者を同一視しようとする人もある。デ・グレージアによれば、自由時間、つまり、仕事を離れた時間ということばは、何よりも時間の面を強調し、仕事から自由な一定時間をとりのけておくという意味がつよい。これにたいして、アリストテレスなどにみられるギリシャ的用法では、レジャーはむしろ一つの状態、しかも、何かある行為がなされても、それは仕事のばあいのように、ある目的のためになされるのでなくて、**A** 行為、つまり自己目的的行為がおこなわれるような状態をさすものとされるのである。そしてこの厳密な規定からいうならば、われわれがこんにちふつうにレジャーとむすびつけて考えているような「娯楽」とか「レクリエーション」はほんらいレジャーのなかに入ってこないことになるであろう。というのは、これらのものは仕事の単調さ、つらさをまぬがれようとしてなされるものであり、そのかぎりではいぜん仕事に関係しているからである。

こうしたアリストテレス的レジャー観からいえば、真にレジャーの名に価する活動は、それ自身のためになされるような価値ある活動としての音楽や詩や哲学的観照などであり、それはわれわれがこんにち「高級文化」と名づけているようなものにかぎられるであろう。ちなみにレジャーにあたるギリシャ語の「スコレー」は、学校（スクール）や学者（スカラー）ということばの語幹になっていることも興味深い。レジャーをこのようにみることは、現代のわれわれにとって考えさせるものがあるといわねばならぬ。というのは、われわれにとって、レジャーとはせいぜい気ばらしやあそびや休息をいみするか、でなければ、仕事のつまらなさからの逃避をいみするものとして消極的従属的にしか考えられていないからである。

しかし、技術の発展が、ますます多くの余暇をひとびとに将来あたえていくとすれば、その余暇においてひとびとが、生の充実を味わえるようないとなみ、つまりそれ自身において意味と価値のある行為をなすことができるであろうか。現実の傾向はむしろその逆をめざしているようにさえみえる。さいきんにおける余暇の増大は、いわゆるレジャー産業のめざましい発展をみ、そのあくなき営利追求は、それが提供する大衆娯楽の質とあいまって、ひとびとに生の充実と人間性の回復の機会をあたえるよりは、[B]

自由時間は、このようにレジャーの質的側面よりも、量的時間的側面をあらわすことばであるが、このばあいでも自由時間がいかなるいみで自由かということは問題である。厳密ないみで自由時間というばあいには、仕事および仕事に関連した時間を除くとともに、さらに「生存のための時間」とよばれるものをもさし引いた残りをさす。生存のための時間というのは、ふつう食べること、寝ること、およびそれに関連した買物や料理などについやす時間をさす。したがって、自由時間は、厳密にいえば、ふつうに考えられるような、仕事から解放されたといういみでの自由な時間よりもさらに短い。けれどもこのようにしてさし引いて残った時間のなかでも、たとえば、なかば義務感や強制されるような気持で人を訪問したり、ある会合に出席したりするならば、これを自由な時間ということができるかという疑問は残る。したがって、自由時間というばあいの自由は、これを先にのべたレジャーの本来のいみに関連づけるためにも、[C]、つまり、強制を離れた自由な選択、動機をふくむものとして解されなければならない。

余暇の善用ということがいわれるけれども、それはたんに労働力の再生産のために役立つように余暇を用いるということにとどまらず（レクリエーションの目的はそれにとどまるといわれる）、人間がより人間らしくなるための機会として余暇を活用することであり、それがまさにレジャーの目的でなければならない。そもそも余暇ということば自身が労働志向的労働中心的考えかたをあらわしているもののようであり、しかもその労働も個性や人間性をのばすよりもむしろ阻害するものと感じられるにおよんで、逆に余暇が生き甲斐と感じられるにいたった。ところが、その余暇も増大の一途をたどるようになると、余暇をもてあますということがおこり始めた。しかも労働や仕事が、技術の発展によって苦役から解放され、それほどつらくなくなると、ひとは、余暇をもてあますよりも仕事につながれているほうをえらぶということもありえよう。フロムやサルトルが指摘するように、人間はしばしば自由をもてあまして自由を不安に感じ「自由からの逃走」をはかって D をえらびとるといわれる。ヘルムート・ティーリッケは、これとならんで、現代人は自由時間に不安を感じ、しかも、この二つの不安は同じ根から発するものであるという。

　さらにわれわれは、われわれの自由時間の断片性について考えなければならぬ。そのこま切れ的性格が、自由時間が自由であることを阻止している。しかもこの自由時間においてこんにちひとびとがなすところのことは、圧倒的に受身的（あるいは無思考的といってもよい）性格をもっていることも注意されねばならぬ。たとえば、自由時間の多くは、マス・メディアのもちはこぶ大衆娯楽を吸収するためについやされる。ラジオやテレビの与えるものをひとは一方的に受けとる。しかもその内容は、考えさせるようなものはまれだ。自由時間において、彼はますます外から規定され、無思考的無批判的となる。外から多く受けとれば受けとるほど彼はますます無内容となり空虚となる。そして、その空虚さをうめるためにはますます多く外からあたえられるものを受けとろうとする。こうして、悪循環はたえず進行する。

　このようにして、人が自己規定性と主体性をうしなうとき、まさに、自由時間は不自由時間に変ぼうするであろう。われわれは自由時間のもつ可能性を否定してはならない。自由時間が真に人間の自由のための時間となることは、どのようにして可能か。レジャーが学問や教育とふかく関係することを説いたギリシャ人の知恵にいまこそ、われわれは学ぶべきではないか。

読解力開発問題

右の文章を三つの意味段落に分け、要旨を一〇〇字以内でまとめよ。

要旨

問一 文中の空欄 A に入る最もふさわしい十五字の語句を、第三段落までの文中から抜き出して、最初の三字と最後の三字を解答欄（記述解答用紙）に書け。

問二 文中の空欄 B に入る最もふさわしい文を、次の**イ**～**ホ**から選び、マーク解答用紙に答えよ。

イ 個々人がそれぞれの個人的世界に閉塞的にとじこもる状況をうみ、ひととひととの連帯をかいて社会全体に生産意欲の減退をもたらしている。

ロ 生の堕落と人間性の喪失をはてしなく助長しつづけることになりかねず、余暇を善用できないひとびとを輩出する可能性が大である。

ハ いわゆる余暇のための消費・消費のための余暇をとおして目先のみの変化が求められ、生のいみを問う高度な文化は崩壊の危機にひんしている。

ニ　他者との等質性に安息しつつ若干の優越感を味わおうとする感情をあおって、結果的に経済の伸長と国家の発展をうながすことになる。

ホ　たんなる一時的な情緒的満足や倒錯した刺激をあたえることによって、自己疎外や非人間化をますます促進するかもしれないのである。

問三　文中の空欄［C］［D］に入る最もふさわしい語句を、それぞれ、次の**イ**〜**ヘ**から選び、マーク解答用紙に答えよ。

C　**イ**　現実的な取捨　**ロ**　原則的な法則　**ハ**　本質的な側面
ニ　発展的な視野　**ホ**　主体的な要素　**ヘ**　積極的な規定

D　**イ**　刹那の享楽　**ロ**　自我の放棄　**ハ**　隷属の安定
ニ　諦念の境地　**ホ**　不安の解消　**ヘ**　孤独の安逸

問四　傍線部の理由として最もふさわしいものを、次の**イ**〜**ホ**から選び、マーク解答用紙に答えよ。

イ　断片的時間の中では、わずかな安息を得ることしか許されないから。

ロ　外界に従属したり、無自覚的に引きずられたりすることになるから。

ハ　義務感が精神的負担となり、脅迫観念から逃れられなくなるから。

ニ　自家撞着《どうちゃく》におちいって、自縄自縛的な世界に埋没してしまうから。

ホ　日常の生活に追われ、自由を自己規制することにつながるから。

問五　問題文の考え方と矛盾しないものを、次の**イ**～**ホ**から二つ選び、マーク解答用紙に答えよ。

イ　「ひまをつぶす」という表現は、余暇を人に敵対するものとしてとらえており、そうした姿勢からは余暇の真の意義を十分に見出しえないことになるだろう。

ロ　現代人にとっての自由な時間は、趣味や健康保持のために不可欠なものであり、社会全体の向上につながる労働意欲を増進させるという点でまことに重要である。

ハ　レジャーの時間と自由な時間とは相関関係にあり、前者を他のひとびとと共有する時間として消費する結果、個人の真に自由な時間が不足気味であるのは残念だ。

ニ　近代技術の発展は、頭脳労働者を急増させると同時に、レジャーの時間をも生みだしてきたが、それは主に神経を休養させるものとしてしか活用されていない。

ホ　農村社会も機械の導入によって近代化されつつあるが、なおそこでは人と自然との融和的状況の中で余暇が楽しまれており、ほんらいのあるべき姿がみとめられる。

第8問　次の文章を読んで、後の設問に答えよ。

現実の企業においては、新商品発見の活動も集団の協同作業として行なわれるが、しかし、この集団は本質的には自由な個人の集合体であるほかはなく、狭義の生産のための組織とは異質なものになることであろう。そこには厳密な分業の体制もなく、機械的な作業規則や命令系統も弱まるはずであり、なによりも、集団の大きさが個人間の対話の可能な範囲に限られることになろう。どんな巨大な企業であろうと、商品を開発する集団はほぼ十数人の規模に限定され、そのなかでは、各個人が有形無形の情報の全体像を共有しうる仕組みがもたれている。けだし、狭義の生産組織はつねに定められた目的を共有して働くものであるが、およそキチ(1)の認識であれば、どんなに多数の人間にもそれを共有することができる。だが、発見や開発の集団の場合、ひとはまず［ a ］を共有して働くのであり漠然たる願望や気分をわけあって働くのであるから、そこにはおのずから集団の規模の適正な大きさが制限されるのである。

じっさい、現代の企業のなかでは、一方で狭義の生産活動が自動化されるとともに、このような非プログラム的な情報生産活動が、たんなる商品開発部門を越えて拡大しつづけている。商品開発といっても、それは結局、消費者の秘められた需要を発掘することであり、いわば消費者の自己発見を助け、企業が消費者とともに自己発見をすることであるから、そこには十分な意志(2)ソツウの努力がなくてはならない。現代の産業活動は、社会全体が何を欲しているかについての合意形成の活動だ、とさえいえるのであって、そのためには、企業の側にさまざまな情報交流の活動がなければならない。宣伝、市場調査、消費者相談といった部門は、直接に商品にかかわる情報授受の担当者として不可欠であるが、昨今ではそのうえに、企業そのもののイメージを演出する部門として、新しく広報という仕事の重要性が認められつつある。さらに、いうまでもなく、セールスという巨大な部門は、全体として消費者ニーズの敏感な探知器であり、それの最終的な発掘装置でもあって、その意味において、非プログラム的な情報生産の最大の担い手だ、と見ることができる。

繰返し注意しておくべきことは、［ b ］においては商品の実質とイメージは不可分の関係にあり、むしろ、実質とイメージという区分そのものが無意味になっている、ということである。古典的な概念のいう商品の実質とは、要するに、われわれのいう人間の基礎的な欲望の対象であって、(3)ウえを満たし、寒さを防ぎ、生理的な安全を守るための物質的な部分のことであろう。だが、現代では、商品がそうした機能を持つことは当然の前提となっており、消費者が求めるのはそれ以上に高次の価値なのであって、そうなると、実質は半ば以上イメージの分野に(4)ユウワしてしまうことになる。デザインや味覚の対象はいうまでもなく、たとえば、超高速の自動車の物理的機能ですら、速度制限を持つ現代の都市では、[c]消費者は、まさにそれを選択して購入するのであるが、それには、さらに宣伝やセールスがつけ加える多様な連想が結びついている。彼が買うのは、一台の自動車の機能とデザインだけではなく、それに加えて、宣伝が提供するロード・レースの夢であり、セールスが提供する(5)ゴウカなショウ・ルームの(6)フンイ気なのである。この意味で、現代の宣伝やセールスは、たんに情報を効率的に伝達する機械ではなく、商品開発そのものと同じく、いまだ存在していない情報を創造する活動だといえるだろう。

そして、そのことにふさわしく、宣伝やセールスのような仕事の場合も、協同作業の集団はおおむね小規模の単位からなり、そのなかで、個人の相互表現をできるだけ保証するような機構がたもたれている。この種の集団はしばしば、一見きわめて戦闘的な活力に満ちているが、しかし、これもまた軍隊のような、あるいはかつての工場組織のような目的志向の集団ではない。たしかに、これらの集団は、何かを可能なかぎり多く売りたいという願望は持っているが、一般に、内容の限定されていない願望は行動の目的とは呼べないからである。あらゆる軍隊は勝ちたいと願っているが、これは行動以前の感情にすぎず、どの拠点をいかに攻めるかが具体的に決定されたとき、初めて行動の目的が生まれたといえるのは明らかだろう。その意味でいえば、宣伝やセールスの担当者たちは、まず、どんなイメージをいかに売るかをまだ知らない状態で集まるのであり、彼らの仕事の本質的な部分は、みずからそれを発見する努力に捧げられている。集団のおもな仕事が［d］の発見である以上、そのリーダーは行動の方向を明快にさし示すことはできず、その分だけ、彼の体制的な権力は弱いものにならざるをえない。この種の集団のリーダーは、構成員ひとりひとりの活力を(7)ユウドウするような人物であり、彼自身の個人的な魅力をも含めた、さまざまな非プログラム的な情報を(8)クシする家父長であることが望まれよう。

なによりも、これらの集団が伝統的な生産組織と異なる点は、その仕事が時間的な合理性と無縁であり、組織として時間的な規律になじまないということであろう。マックス・ヴェーバーによるまでもなく、近代産業社会の根本精神は(A)時間に関する合理主義であり、その美徳は、単位生産量あたりの必要時間を節約することであった。これに対して、仕事の内容が目的そのものの探究であるとすれば、これはゴールのない競争のようなものであって、時間の節約という観念が根底から意味を失うのは自明である。じっさい、［e］の発見は、一定時間にどれほど努力しても不可能なこともあれば、逆に、(9)タイダのなかの一瞬のひらめきによって達成されることもある。こうした仕事に(10)タズサわる集団は、当然、時間の規律のうえでこれまでよりゆるやかな統制を持ち、個人と集団の接触の時間も短くなるはずであるが、これは十七世紀以来、近代産業社会を支えた秩序にとって小さからぬ変化だ、といえよう。このことは、やがて勤勉という美徳の概念に修正を迫り、ひいては、生産組織にたいする忠誠心の質をも微妙に変えるかもしれないからである。

（注）○マックス・ヴェーバー――ドイツの経済史家、社会学者（一八六四～一九二〇年）。

読解力開発問題　右の文章の要旨を一〇〇字以内でまとめよ。

要旨

問一　カタカナの部分(1)～(10)を漢字で書け。

問二　空欄a～eにもっともよく当てはまる語句をそれぞれア～オから選べ。

a　ア　知識　イ　規則　ウ　無知　エ　技術　オ　目的

b　ア　人間の基礎的な欲望　イ　近代産業社会

ウ　生産組織　エ　豊かな社会

オ　作業過程

c　ア　商品の実質ではなくその安全にすぎまい。
イ　商品のイメージではなくその実質にすぎまい。
ウ　商品の実質ではなくそのイメージにすぎまい。
エ　商品のイメージではなくその機能にすぎまい。
オ　実質的な商品ではなくその価値にすぎまい。

d　ア　新商品　イ　手段　ウ　需要　エ　原因　オ　目的

e　ア　効率的な情報伝達　イ　厳格な規律　ウ　優れたイメージ
エ　時間に関する合理主義　オ　構成員の活力

問三　傍線部(A)「時間に関する合理主義」がなりたつためにはどのような前提が必要か。正しいと思われるものを次のa〜eから一つ選べ。

a　企業において非プログラム的な情報生産活動が行なわれていること。
b　構成員ひとりひとりの活力を高めうる魅力あるリーダーが存在していること。
c　新商品開発、生産、宣伝、市場調査、消費者相談、広報といった様々な部門が企業内に存在すること。
d　生産の目的が厳密に与えられており、そのための手段——具体的作業もわかっていること。
e　新しい情報がたえず創造され、企業における生産、販売が小集団を中心に展開されていること。

問四 次の1〜6のうち、本文の内容に合致したものをいくつか選べ。誤解答は正答の得点から減点する。

1 今後、新商品開発の現場でも販売の現場でも、個人の顔のみえる人間関係が最も重視されることになろう。

2 作業計画の厳密化、作業の効率化が、消費が多様化した今日ますます重要なテーマとなってきている。

3 生産者にとって消費者の需要を固定的に捉えることは困難であり、未来の需要を発見するという創造活動が必要となる。

4 商品の実質を欠いたイメージ商法は、今後とも企業活動の主要な一翼を担うことになろう。

5 近代産業社会においては、プログラム的な情報が重視された。

6 大企業の時代は終わり、今後活力に満ちた小規模企業の時代が到来する。

第9問　次の文を読んで、後の問に答えよ。

　ゴジラが東京に帰ってくる。三〇年ぶりに、巨大になって。この三〇年ほどの間に、ゴジラの方に起きた変化といえば、ほとんどサイズの問題に限られている。他の部分では、ゴジラはあい変わらず昔どおりの巨大爬虫類《はちゅうるい》だ。だが、この怪[a]ジュウを迎え入れ、破壊の場を提供する東京という都市の方には、大きな変化が起きた。巨大になったことは確かだ。けれどももっと重要なのは、[イ]そこに起こり、いまも起きつつある、質的な変化の方なのである。

　そのために、たとえゴジラが昔と同じ気分で東京湾に姿を見せたとしても、西の空に光をはなつ高度技術集積都市《テクノポリス》には、もはやかつてゴジラが荒々しく踏み荒していったような主題は、ほとんど残されていない。三〇年ぶりのゴジラは、かつての東京がかかえていたモダンな主題群が解体したあとの[b]ハイ墟に、たちもどってこなければならないのだ。そういうゴジラに、いまどき何が破壊できると言うのだろうか。いまさらゴジラが出現したところで、毎日毎日の暮しのなかで、たえず消耗と解体を体験しつづけている私たちの現実に、新しい何かをもたらすことなどができるのだろうか。ノスタルジー？　そんなもの、今さら。だったら、いったい何が？

　三〇年前にはじめて出現したゴジラは明らかに核兵器の屈折した暗喩《メタファー》だった。核兵器は、物質の結合のために使われているエネルギーを解放してしまおうとする戦争機械だ。それは自然の中に眠っている力を実に乱暴なやり方で取り出し、地球的な規模の破壊を行なおうとする。この核兵器が海底に眠っているゴジラを目覚めさせ、怒りに燃えて人間の都市の破壊にむかわせるのである。ここには、奇妙な結合《ループ》が起こっている。

A

核兵器とゴジラのこの奇妙な結合には、近代がもうずっと長いことかかえ込んできたモダンな主題の、コンプレックスにみちた表現を見つけることができる。近代はつねに形式や構造の解体と、それによって自由になったエネルギーをもとにした再創造という主題を、たえることなく変奏しつづけてきた。そのいちばんいい例が近代アートであり資本主義である。たとえば資本主義はそれまでの社会を作りあげていたコードの破壊をくり返す。そうやったあげく自由になった人間の自然力を欲望という流体に変えて、資本の水路の中に流し込んでいこうとするのだ。モダンな主題群は、この資本主義のやり方にc シバられている。そこでは、形式の解体破壊による自然力の解放とそのコントロールが、「 B 」という名前のもとに、くり返し語り続けられてきた。三〇年前の東京を破壊するゴジラには、 C と資本主義が象徴するこういうモダンな主題が、暗い色調の中にまぎれもなく表現されていた。

むろん三〇年たったからと言って、いまの東京からこのモダンな主題群が消え去ってしまったというわけではない。実際、以前よりもたくさんの核兵器が私たちの頭上にむけられ、資本主義は地球をあますところなく、おおい尽くそうとしている。けれど、その中で、いま私たちの現代が、モダンを越えてまったく新しい主題へむかおうとする徴しを見せ始めていることも、また事実なのである。

モダンな主題や思考法に共通しているのは、**D** だ。そこでは自然はディズニー・ランドとして去勢されるか、さもなければ怪物的な力の世界に閉じ込められている。けれどモダンな思考は、かたちや構造の破壊をとおして、[注]黙示録的な暗喩《メタファー》である核であり、ゴジラであり、東京破壊であり、またその力をコントロールするための資本主義であり、ファシズムであったのだ。ところが、いま私たちの現代が見つけ始めているのは、破壊をつうじて力の源泉に触れる、というモダンなやり方ではなく、生成する自然と人間との、もっと実のある対話の可能性なのである。

生成する自然と人間との対話をめざそうとするものにとって、自然はもはや怪物ではない。それどころか、ロむしろ私たちの不完全で神経症的な知性の方を「怪物化」し、「ジャングル化」することこそが、モダンの先に見えてきた新しい主題にとっては重要なのである。

（**注**　黙示録——新約聖書巻末の一書。キリスト教徒を慰藉《いしゃ》・激励し、キリストの再来、神の国の到来と地上の王国の滅亡とを述べる。）

読解力開発問題

右の文章を三つの意味段落に分け、要旨を一〇〇字以内でまとめよ。

要旨

問一　傍線部a・b・cのカタカナを漢字に直せ。

問二　空欄 A には、次のイ〜ニの四つの文が入る。この四つの文を正しく並べ換え、その答えの組合せとして正しいものを、後の1〜8から選び、解答欄にマークせよ。

イ　だが、この破壊をきっかけにして、こんどは自然の側の逆襲が始まる。

ロ　核兵器は物質のかたちを破壊して、自然力をとことんまで解放しようとする。

ハ　ゴジラは、自然が秘め持つ力の別の暗喩《メタファー》として出現し、核兵器を作り出す都市の文化に壊滅的な打撃を与えようとしたのである。

ニ　その力が自然の美しさと都市の幸福を破壊しつくしてしまうのだ。

1　イロハニ　　2　イロニハ　　3　ロイニハ　　4　ハニイロ

5　ニイロハ　　6　ハイロニ　　7　ロニイハ　　8　ニイハロ

問三　空欄 B ・ C に入れるのに最も適当なものをそれぞれ次の1～6から選び、解答欄にマークせよ。ただし同じ語は重複して選ばないこと。

1　思想　2　創造　3　自然　4　均質　5　消耗　6　核兵器

問四　空欄 D に入れるのに最も適当なものを次の1～5から選び、解答欄にマークせよ。

1　核兵器に対する絶対的な信頼感
2　核兵器に対する慢性的な楽観主義
3　自然に対する神経症的な恐れ
4　近代の自然に対する悲観的な認識
5　自然の操作に対する抽象的判断

問五　傍線部イにいう「質的な変化」とは、どの方向への変化のことか。答えとして最も適当な文中の一節（十五字以内）を抜き出し、解答欄にはその初めの四字と終わりの四字とを書け。

問六　文中には「モダンな主題」ということばがくり返し用いられているが、どういう主題のことか。文中から、その説明として適当と思われる一節（三十字以内）を抜き出し、解答欄にはその初めの四字と終わりの四字とを書け。

問七　傍線部ロにいう「モダンの先に見えてきた新しい主題」にとって、「知性」の「怪物化」や「ジャングル化」が重要である理由として最も適当と思われるものを、次の1～5から選び、解答欄にマークせよ。

1　東京に三〇年ぶりに帰ってくるゴジラはもはや怪物ではあり得ない以上、人間自らがかつてゴジラが果したおなじ役割を代わって受け持つ必要があるから。

2　生成する自然との対話を実らせるためには、むしろ知識人自らが「怪物化」し、破壊をくり返す怪物の乱流を構造化させる必要があるから。

3　われわれが完全な知性を獲得するためには、再度怪物の世界や原始的なジャングルの世界に人間を戻してゆく必要があるから。

4　生成する自然との対話をめざす知識人にとっては、自然はもはや怪物ではない。むしろ自らが怪物となってジャングル的な流体化をめざす必要があるから。

5　自然と人間との対話のためには、人間の側から近代の知性の垣根をとり払って、かつて怪物であった自然の世界に融和していく必要があるから。

問八　次の1〜5の中にこの本文の趣意に合致するものが二つある。その二つを選び、解答欄にマークせよ。

1　モダンな主題や思考法はつねに地球上の形式の解体破壊とそこからの創造というとめどもないくり返しを行ってきたが、その根底にひそんでいるのは、人間の不完全な知性の、自然に対するおそれの意識であったといえる。

2　はじめに出現したときのゴジラは核兵器の屈折した暗喩《メタファー》の意味を持っていたが、いま姿を現わそうとするゴジラは、究極的には、資本主義の水路の中に際限ない欲望を流し込む人間の暗喩《メタファー》としての意味を持ち始めているのである。

3 近代のモダンな主題や思考法はすでに行きづまっており、それを表象する資本主義はいまや崩壊のさなかにあるが、その危機をのり越える新しい知性は、自然のかたちの破壊ではなく、それとの対話をめざそうとするのである。

4 東京の高度技術集積都市《テクノポリス》にはもはやかつてゴジラが踏み荒らしていったような主題はほとんど存在しなくなった。モダンな主題群は依然残存しているとしても、その限界をのり越え、新しい方向へ出てゆこうとする動きが出始めている。

5 ゴジラが再び東京に帰ってくるのは、三〇年前とは異なった主題のためであり、いわば核兵器を乱暴なやりかたで作り出す近代の人間の思いあがりに対する自然の声を代弁する怒りの反撃のためである。

補問 次の文章を読み、後の設問に答えよ。

文化・自然・歴史・理性・伝統といった翻訳語は、それがもともと動詞としてあったこと、したがって名詞（概念）と化してもその動的な原義を保存していることを忘れさせてしまう。生きた、実践的なあり方から切りはなされて、われわれは静的で固定した抽象概念のみを受けとっている。イそこから出発すれば、われわれはたやすく反文化・反伝統・反歴史などを考えることができるが、実は何の意義ももちえない。このことは、とくに日本の思想家にかぎられた問題ではない。ただ、われわれの困難の特殊性はすでに漢字を輸入したその時点以来、動詞が成熟して名詞（概念）となる健全な道筋をたどれなかったことによるのである。われわれを規定しているのは、言語というよりはむしろ文字である。

あらゆる概念を、その動詞形にもどしてみること、それがわれわれの「思想」を、「考える」という行為にひきもどす唯一の方法である。思想的混乱とは、実際上言葉の混乱にほかならない。言葉の混乱に足をすくわれたとき、われわれはなんらかの解決を外に、あるいは他の言語体系（理論）に探しもとめるかわりに、ただ単純に、言葉をその動的なあり方において考えてみればよい。「ことをわる」という行動をおいて、世界に理《ことわり》はない。世界を説明する原理があるかないかは、まったく空疎な問題である。どんな論理《ロジック》も、レゲイン（ロゴスを働かせること）、すなわち多様な事物を、「集め、比量し、秩序立てる」という行為をおいて存在するのではない。つまり、そういう実践的な在り方から遊離した論理は、いかに論理的であっても、言葉というイドラのなかで空転しているにすぎないのである。

自然という概念は、おそらく最も多義的な概念である。したがって、これほどあいまいに用いられている言葉もない。しかも、この多義性はたんにそれだけにとどまらず、たとえば人間の本性 nature に対する見方の対立としても、なおわれわれの思弁的問題の根幹を占めている。しかし、そのように対立した自然観は、まず「自然とは何であるか」という一層根本的な問いをおきざりにしたところで成立しているので、結局のところ独断的なものたらざるをえないのである。一方は「自然へ帰れ」といい、他方は「自然を支配せよ」という。たとえば、ルソーやホッブスには、それぞれの根拠がある。だが、そのレベルで考えているかぎり、われわれは堂々めぐりをするほかはない。それゆえに、このような混乱に対してなすべきことは、自然をその動詞形において考えてみることである。

泉井久之助『ヨーロッパの言語』によると、natura（ラテン語）とは産出すること、もしくは産出させる能力のことであったが、第二義的に、「天成の性質、本質」となり、また産出・生成の結果としての万物、自然の意味に転じてきたという。

《紀元前後の古典期ローマの人々の言語意識には、naturaの第一義もまだいきいきと生きていた。naturaはラテン語において、先《ま》ず万物の生成・産出の力であり、生成の過程であり、ようやくその結果としての「自然」であった。この語の本義は、はなはだ力動的であったのである》（同書）

自然という語の抽象化の過程をみれば、自然が人間の活動をもふくんだ動的な在り方から、あらかじめ内在する本質・本性の意に転じ、さらにたんなる外的な対象物の意に転化していったさまが、はっきりとみてとれるであろう。そして、十九世紀以来もっとも本質的な思想家は、[ハ]といっても過言ではない。フォイエルバッハのいう自然は、自然と自然の一部としての人間の動的な実践的な在り方をたんに結果だけからみたものにすぎないというマルクス、「生成」を分析的にとらえ固定化してしまった思考を逆転あるいは動的にしようとしたニーチェ、ベルグソンといった人々の共通課題が、naturaを原義において蘇生《そせい》させることにあったことは明らかである。大切なのは、しかし、ニもとの意味を知識として知ることでもなければ、「ソクラテス以前」にもどることでもない。現実にわれわれの「思想」を、「考える」という行為において蘇生させることである。

〔注〕イドラ——ラテン語のidola。偶像・幻像などの意。

読解力開発問題 右の文章を二つの意味段落に分け、要旨を九〇字以内でまとめよ。

要旨

設問

イ 傍線イに「そこから出発すれば、われわれはたやすく反文化・反伝統・反歴史などを考えることができるが、実は何の意義ももちえない」とあるが、筆者がこのように言う真意はどこにあると考えられるか。次の1〜4のうち、最も適当なもの一つを選び、1・2などの数字を用いて答えよ。

1 文化・伝統・歴史などに対して、論理的に反文化・反伝統・反歴史などを措定することは可能であるが、それらは無意味な概念である。

2 既成の文化・伝統・歴史などと対抗する新しいそれを建設することは重要だが、抽象概念としてのみ、反文化・反伝統・反歴史などと言ってみても、実践的な在り方から切りはなされた概念である限り、言葉の遊戯にすぎない。

3 われわれの持つ文化・伝統・歴史などとは相反し、相いれない文化・伝統・歴史などを想像することは可能であるが、われわれがすでにその内にあり、われわれを規定している文化・伝統・歴史を否定してみても、それは無意味な観念の遊びにとどまる。

4　文化・伝統・歴史などは、動詞にもどして、実践的なあり方において把握できる概念であるが、反文化・反伝統・反歴史などは、そのような意味において把握することが不可能な概念であって、なんらの有効性も持たない。

ロ　傍線ロに「そのレベルで考えているかぎり、われわれは堂々めぐりをするほかはない」とあるが、なぜ「堂々めぐりをするほかはない」のか。次の1〜4のうち、最も適当なもの一つを選び、1・2などの数字を用いて答えよ。

1　「自然へ帰れ」というルソーの主張にも、「自然を支配せよ」というホッブスの主張にも、それぞれ根拠があり、われわれはいまそのどちらかを選択するための根拠を持たないし、また、それらを超克する思想をも持たないから。

2　「自然へ帰れ」も「自然を支配せよ」も、ともに現代社会の課題に対して有効性を持つ主張であるので、この相対峙《じ》する提言の前に立って、われわれは当惑せざるをえないから。

3　ルソーやホッブスには、それぞれ根拠があるが、それは彼等の生きた西欧の十七・八世紀の状況において有効であったのであって、激しい社会変動を経た現代社会においてどちらが合致するかを争っても不毛であるから。

4　「自然へ帰れ」が正しいか、「自然を支配せよ」の方が正しいかという議論は、実践的なあり方から切りはなされているかぎり空疎なものであるから。

ハ　空欄［ハ］を補うには、次の1〜4のうち、どれが最も適当か。一つを選び、1・2などの数字を用いて答えよ。

1　その間の事情を理解していた
2　その過程を逆にたどろうとした
3　自然という言葉を原義において用いた
4　つねに実践によって思想を裏づけていた

ニ　傍線ニの「『ソクラテス以前』にもどること」は、ここではどういうことを意味していると考えられるか。次の1〜4のうち、最も適当なもの一つを選び、1・2などの数字を用いて答えよ。

1　抽象概念を用いた思考をすること。
2　生きた、実践的なあり方に即して考えること。
3　たとえば「自然」をその第一義において用いること。
4　われわれの思弁的問題をソクラテス以前の哲学に還元して考えること。

現代文読解力の開発講座〈新装版〉

駿台文庫

⑲ 20250303

■駿台受験シリーズ

現代文読解力の開発講座〈新装版〉

霜 栄 著

メッセージ

この参考書は、すべての大学入学試験に通用する現代文の基礎力（必ずしも易しいとは限りません）を身につけてもらうために書いたものです。

もちろん実際の教室での講義のように、熱気・興奮・余談・雑談はありませんが、何度もこの本を読み直し学習すれば、かなりの効果が得られると確信しています。

駿台文庫

■本書の利用法

1 勉強とは鏡の前に立つようなものです。君が問題の本文と設問をどれだけよく考えたかによって、解説を読んで得られるものも多くなります。たくさんの思考と疑問を重ねてから解説を見ましょう。ひとつひとつの問題になるべく時間をかけてください。

2 入試や模擬テストは実力を発揮する場ですから、時間内で本文を大まかに理解して推測で答えを出すわけですが、それに対してこの本は実力をつけるための参考書です。したがって時間がかかっても、100％本文と解答の論理を理解するようにしてください。

3 本文全体の読解が正しく行われているかどうかを見るために、本文末尾の《読解力開発問題》を必ずやるようにしてください。記述入試のない受験生もこれをやることによって、主旨判定問題や選択肢の判別における実力がつくことは言うまでもありません。

4 解説の中の〈雑音《ノイズ》〉は僕の勝手なつぶやき・うさ晴らしにすぎませんが、意見論述・小論文の参考にでもなればと思い、掲載しておきました。ぜひ読んで利用してください。

■文章の読解法

つねに筆者の立場で読むことを心がけてください。いわば、君が筆者を演ずるわけです。自分が文章をどう感じるかではなく、筆者は何を考えてどう書いているのか。

文章を筆者の立場で、

① **追イカケル**

② **立チドマル**

③ **見クラベル**

の三つが大切な演技です。これが正しくできるようになってください。なぜって？　それは本書を最後までおやりになればわかることと思います。では。

Good luck!（幸運を祈ります！）

現代文読解力の開発講座〈新装版〉
［解説・解答編］

［　］は問題編

Lecture 1

ヤサシカッタというのが、たぶん君の感想だろう。少なくとも**第1問**の本文に関して言えば、「文章は短いし、一文一文は難しくないし、筆者の言ってることはだいたいわかるし……」と君は考えるだろう。たしかに本文が短いというのは、集中力の点で楽だし、一文一文がやさしければ、考えこむ必要もない。でもホントにそれだけでいいんだろうか?

やさしく「読めた」と思えたはずの文章が、実は読めてないなぁんてオソロシイことが、実は起こっていたりして。そこで〈現代文〉という受験科目の範囲で、『読メタ』というのはどういうことなのか、まずそこから話を始めよう。

現代文の読解において君は何をするのか?

ということだ。英語や古文なら、現代の日本語に訳せればいいという、一応の目安があるんだけど、現代文は初めから現代の日本語だ。置き換えるものがないから、目安がない、客観化しづらい、こんな科目やってられないよ。そんなふうに君は短気になって、すでに〈現代文〉をキライになっている可能性もある。なぜって? 現代《モダン》を生きる僕らは、目安の立つことだけに努力し、客観化しやすいものだけを重んじる傾向があるから。現代文をやってるんだから、たまには現代について考えてほしい。英語では欧米の風習、古文では時代の背景を考えるよね。それと同じことだ。

それでは、現代文で読メタという場合の目安とはなんなのだろう。もちろん文章はいつも文の集まりだから、一文一文を正確に読まなくてはならない。

しかも、あとの設問に客観的な態度で答える必要があるから、一文一文を客観的に読まねばならない。

では、そのためにはどうすればいいんだろうか。たとえば、

〈今わたしは受験生。二月に入試をひかえています。春が待ち遠しいなあ。〉

というヘンな文章があったとする。たぶん誰が読んだって、「わたし」のイイタイコトはすぐにわかる。それは一文一文がやさしいだけじゃなく、文と文との関係がわかりやすいからだ。

わたし＝受験生＝入試をひかえている者

今は受験生→二月に入試→春には合格（！）

というような関係は誰でも簡単につかめる。そこで君にこう考えてほしい。これが文章を読めたことの目安だ。

Point

現代文における読解は、

一文一文を正確に客観的に読むことであり、

文と文の関係が解ることだ。

第1問では、意識的に本文のやさしそうな問題をとりあげてみたが、文と文との関係はホントに読みとれただろうか？　最初なので、詳しく説明したいと思う。

それでは、〈文章の読解法〉で書いたように、君がこの**第1問**の本文を書いている筆者の役を演じるつもりで、

本文を追イカケてみよう。

1段落（一つ目の形式段落）から順番に行く。1行目、君はここで早くも注意すべき言葉を見つけて立チドマル。「二つ」という表現だ。なぜ、わざわざ二つなんて数え上げるんだろうか？　それは、今ここに

分類して考えている事柄があり、それを相手に明確に伝えたいからだろう。〈二つ、三つ……〉と数えているとき、君はその数えているものに注目しているにちがいないし、君が「二つ」と書くなら、その前か後に「二つ」のことが書かれているに決まっている。

数詞は注意！

本文では、これから「都市のあり方、捉え方」について「二つ」のことが書かれるというわけだ。そのことを頭に置いてから、先を追イカケよう。1段落では、他にも二つ注意すべき言葉がある。本文にしるしがついているかな？「まず」（1行目）という語と「一方」（3行目）という語だ。

「まず」が**並列**を示す

というのは常識だね。つまり「まず」とくれば、その後には、二つ以上の内容が並べられるに決まっている。

こんなとき、君が気をつけねばならないのは

どこまでが並列の一つ目か？

ということだ。そこで君は「一方」という言葉を見て立チドマル必要があった。

「一方」が二つのものの**並列**を示す

からだ。これで1段落は

「まず」から後が**並列**の一つ目

「一方」から後が並列の二つ目となる。

1段落を最後まで追イカケルと、二つ目の内容で終わっている。こんなふうにして「都市のあり方、捉え方」（1行目）の中味がこの段落で説明されたわけだ。

一般的に、文章中の二者の並列に気づいたら、必ず見クラベルようにしてほしい。なぜって？　見クラベルことは、客観的に見ることだから。たとえば君が、

〈わたしはエンピツと消しゴムを彼女に見せてあげた。〉

という文章を書いたとしよう。もちろん〈エンピツ〉と〈消しゴム〉は並列項だ。だが、単なる並列で終わらないこともある。二つの物は、同じ筆記用具だという観点から、両者の違いがまったく問題にされず、どちらも筆記用具の一つにすぎないものということで、

同値項として話題にされていく

可能性がある。また一方、両者は書くためのものと消すためのもの、あるいは長いものと丸いもの、ときには突き刺すものと刺されるものなどという観点から、

対立項として話題にされていく

可能性だってある。つまり並列の二項は二つの可能性を持つ。

Point

本文中に並列されている二つの事項は、
必ず両者を見クラベルことによって、
同値と対立のどちらの関係かをつかむ。

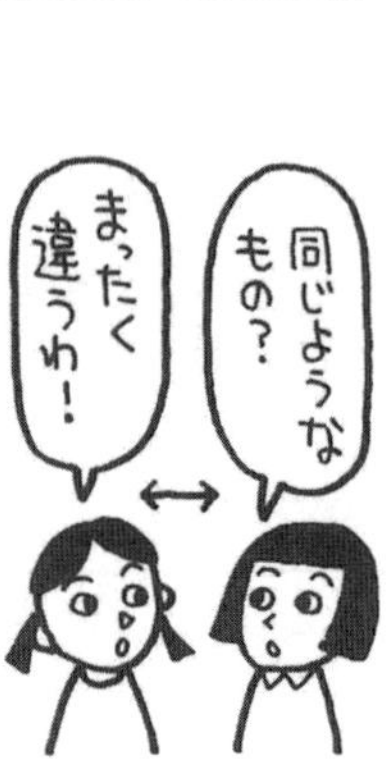

本文では、どうだろうか。「大別」（1行目）とあったから、とうぜん対立だ。具体的に確かめておくと、

「都市計画によって人為的につくられた都市」

と

「人々によって生きられた空間としての都市」

が対立項になっている。

[2]**段落**に行こう。まず第1文。「このような観点」と前の段落の内容を受けている。このようなことは、実はけっこうよく行われる。つまり、

段落の第1文で、前の段落を**要約**している

というわけだ。というのも、

段落は、筆者のつけた内容の**区切り**

だから、第1文で前の段落の内容を確認したうえで、新しい内容に入っていくのだ。「江戸の都市形成」へと話は進む。

次に行こう。先ほど指摘した「まず」があり、さらに追イカケルと、「だが」（9行目）がある。[1]段落と同じように、

「まず」の後に並列の一つ目

「だが」の後に並列の二つ目

となる。この二つの並列内容が対立関係になっていることに注目してみよう。その場合、

「だが」が逆接の接続語だ

という発見はとても役立つ。その前後に対立があるわけだ。

Point

文の冒頭にある接続語は文と文の関係を、
明示している語として注目すべきだが、
中でも逆接語は対立を表すので要注意！

2段落では、他にも注意すべき言葉がある。8行目と9行目の「……は」という小さな語だ。

「は」は文法上、他と区別する副助詞

であり、対立表現となることも多い。たとえば君が、

〈彼は大人だ。彼女は子供だ。〉

と書いた場合には、君は〈彼・大人↕彼女・子供〉という対立を考えていると判断されるだろう。本文では、すぐ近くに「だが」があるので、まあそれほどチェックすることもないが、一般的な注意として知っておいてほしい。

ここでは、

「初期の江戸は……計画された空間」

と

「中期以降の江戸は……生きられた空間」

が対立項だね。

ではなぜそんなに、〈対立〉の関係をとらえることが重要なんだろう。たとえば、ここに何匹かの犬がいたとする。君がそのうちの2匹を選び、比較してみるとする。一匹がセント・バーナードで、もう一匹がチワワなら、たぶん〈大きい↔小さい〉という対立関係が成立するから、君はそこで〈大きさ〉という観点から、両者を比較して話すことだろう。またそれに対して、同じ大きさの白い雑種の犬と黒い雑種の犬を選んだとすると、〈白い↔黒い〉という対立関係が成立し、今度は、〈色〉という観点から、両者を比較して話すことだろう。とまあ、そんな推測が成り立つ。

Point

〈対立〉の関係をとらえることで、本文の筆者がそこで問題にしている〈話題〉を把握することができる。

2段落まで追イカケタところで、1段落と2段落の関係をもう一度整理して見クラベルと、次のようになる。君が自分で読解できていたかどうかを、確かめてほしい。

1都市のあり方・捉え方
- 都市計画によって人為的につくられた都市 ― A
- ↔
- 人々によって生きられた空間としての都市 ― B

2 江戸の都市形成

⇦

初期の江戸は……………計画された空間 ―― A´
↕　　　　　　　　　　　↕　　　　　　　↕
中期以降の江戸は………生きられた空間 ―― B´

3段落も、2段落と同じように、第1文に要約表現「そうした」があるので、注意してほしい。2段落の「初期の江戸」(A´)から「中期以降の江戸」(B´)への移りかわりが「そうした町のライレキ」とマトメられ、3段落で、「現代の東京は」それを「引きずりながら生きている」とつながる。ところでここにも先ほど指摘した「……は」があるが、今度は少し役割が違う。他(つまり「江戸」)と区別することによって、「現代の東京」という**話題**を提示しているのだ。しかも、いま見たように、これについて述べられている内容は、2段落の**対立**関係をふまえたものであるから、要注意だ。

Point

対立する二つの事項をふまえて
マトメたうえで述べられる内容は
筆者のくだすひとつの結論と考える。

つまり、「現代の東京」は〈江戸の町〉を継承しているという結論だ。第2文も同様のことを言ってるね。

4段落に行こう。さっそく第1文に立チドマルべき表現がある。

数詞の「第二」

という言葉だ。「都市形成の第二の段階」とあるということは、すでに「都市形成」の第一の段階が述べられているると予測できる。確かにそういえば、2段落に「江戸の都市形成」(7行目)とあったね。また、この文で「都市形成の第二の段階にあたるのは……明治の東京であるが、この時代には、江戸の蓄積そのものの上に……近代化が進められた」とあるから、

都市形成 ┬ 第一の段階……江戸
　　　　 └ 第二の段階……明治の東京

とわかる。

ところで、君はこの4段落を一読して、三つの文が、

なぁんだ、すべてくり返し説明じゃないか

と気づいただろうか。もしそうなら、かなりの力がある。二つの要素に分けてこのことを確認してみよう。

第1文では「江戸の蓄積」(18行目)という古い要素と「西欧的要素」(18行目)という新しい要素、第2文でも「大名屋敷の跡地」(19行目)という古い要素と「近代国家の首都東京に必要な様々な都市機能」(19行目〜)という新しい要素、第3文でも「町割や各敷地の形状はほとんど変えなくとも」(21行目)という古い要素と「土地利用の用途を変更し」「建物を……洋風のイショウのものに置換」(21行目〜)という新しい要素が、それぞれ見られる。つまり、第1文にあったように、「明治の東京」が

┌古い「江戸」的要素の上に
└新しい「西欧」的要素を採り入れて

成立していたことを、「特に」（19行目）以下の第2・3文でくり返し説明しているのである。

5段落（最終段落）に行こう。第1文では、

「そして」という話題の**継続**を示す接続語に続いて「異文化を受け入れ始めた明治の東京」と前の段落の内容を受けながら、（「異文化」はもちろん「西欧的要素」と同値だよ）「新旧の要素が錯綜《さくそう》し、まことに面白い。」ときっぱりした調子で結んでいる。ここでは「面白い」という言葉に注意する必要がありそうだ。先ほどの（9ページ）を思い出してほしい。この「面白い」は、〈新↕旧〉という4段落の**対立**をふまえたうえで述べられている内容だから、きわめて重要なのだ。また「面白い」という形容詞は、それ自体としても注意しなければならない。はっきりと⊕（プラス）方向の価値判断・イメージが読みとれるからだ。君が何かを「面白い」と言うとき、君はその何かの〈面白さ〉に注目してるだろうし、わざわざ文章にして「面白い」と書くなら、君にはそう感じた根拠があるはずだ。（もちろん逆だって同じこと。君が何かを「こんなのつまんないヨ」と書くとき、そこにあるのは、⊖（マイナス）の価値判断・イメージであり、まったく同様のことが言える。）

Point

⊕・⊖を明確に示す表現内容は、
筆者が注目する価値判断・イメージであり、
その根拠が説明されるはずである。

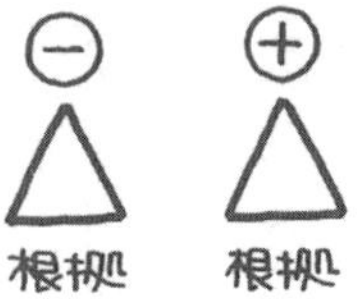

5段落の第1文では、4段落を受けたうえで、「面白い」という判断が下されたのだ。しかし、さらに第2文へ読みすすむと、この文の主題が、

「明治の東京」カラ「現代の東京」へ

と移行していることがわかる。

さて、この第2文にある「……してくれる」「独創的な」（25・26行目）という表現が、いずれも

⊕（プラス）方向の響きを持つ

ということに、君は気づいただろうか。つまり、5段落では、「現代の東京」における「新旧の要素の……組み合わせ」（26行目）は、「明治の東京」に展開した「新旧の要素が錯綜」（25行目）したことを「引きずっている」（27行目）と述べているが、それはすなわち、新旧の要素が混じり合うことの〈面白さ〉（⊕）も

「明治の東京」カラ「現代の東京」へ

と脈々と引き継がれていることを意味しているのだ。これを先ほどのPoint（右記）を利用して要約すれば、

筆者は「現代の東京」の〈面白さ〉（⊕）に**注目**しており、その〈面白さ〉の**根拠**は、「新旧の要素の奇妙で独創的な組み合わせ」だ

ということになる。

本文を最初から最後まで〈追イカケル〉作業は終わった。注目すべき表現では〈立チドマル〉、そして〈見クラベル〉ことで同値・対立を把握し、段落ごとの内容をとらえたわけである。そしてこれが現代文読解の初歩だと考えてほしい。

Point

現代文でまず身につけるべきなのは、
同値・対立の関係をとらえる対比能力と、
段落ごとに内容を整理できる能力だ。

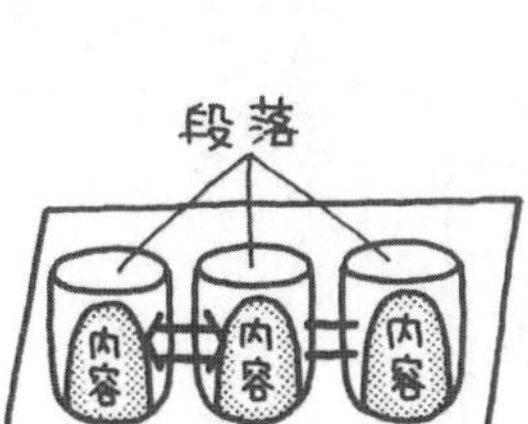

しかしこれだけで、本文の読解が完了するわけではない。本文全体をマクロに見渡す作業が残っている。これは本文を前から後ろへと読み進めていくだけの〈通り一遍の読解〉に陥らないための大切な作業であり、君の読解力を飛躍的に伸ばす鍵となる。本書では、特にこの点に留意したので、しっかりと聞いてほしい。

まず筆者は1段落で「都市のあり方・捉え方」について述べ、2段落でそれをふまえて「江戸の都市形成」について述べ、さらに3段落で「現代の東京は、まさにそうした町（江戸）の来歴を引きずりながら生きている」（13行目）と述べた、それに対して、4段落では〈新旧の要素が入り混じった明治の東京〉について述べ、5段落で〈現代の東京の新旧の要素の組み合わせ〉は「明治の東京の町に展開したことを今なおそのまま引きずっている」（26行目～）と述べている。つまり筆者は、

[1]～[3]で〈現代の東京は、江戸の来歴を引きずっている〉

[4]・[5]で〈現代の東京は、明治の東京を引きずっている〉

と主張しているのだ。したがって本文は次のように大きな二つの段落に分けることができる。

第Ⅰ段落が、

[1]（都市のあり方・捉え方）↓[2]（江戸の都市形成）↓[3]（現代の東京）

第Ⅱ段落が、

[4]（新旧の要素を持つ明治の東京）↓[5]（新旧の要素を持つ現代の東京）

というわけ。

ここでⅠ・Ⅱと分けられた段落のことを意味段落と言うが、これは[1]～[5]で示された形式段落に基づくものだ。**第1問**の本文のように、いくつかの形式段落から一つの意味段落が形成されることが多いが、また逆に、一つの形式段落がいくつかの意味段落に分解されることもある。

Point

意味段落とはつねに、改行一字下げで示される形式段落に基づいた内容のまとまりである。

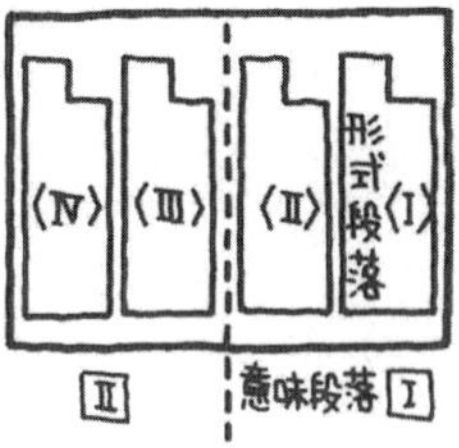

意味段落を確認したうえで、次に本文全体の要旨を考える。これこそ君がもっとも頭を悩ますところだし、実際これがつかめないことには、ほんとうに本文を理解したとは言えないのだ。

まず君は文章を読み終えたときに、こう考えなければならない。いったい筆者は君に何を伝えたいのだろうかと。目の前の文章を通して、何が君に伝えられようとしているのだろうかと。文章の内容はそのときによって様々だが、必ずそこには筆者から君へのイイタイコトがある。これこそ要旨の中心と考えるべきだ。しかし、いきなりイイタイコトは何かと考えても、それを正しくとらえることはむずかしい。まず手順として先に考えた方がいいのは、本文全体の話題、つまり、

本文のテーマは何か

ということだろう。君が文章を書くときのことを考えてほしい。おそらく君はまず、何について書くのかというテーマを決めてから、文章を書きはじめるだろう。テーマとは、筆者が論理を展開していく場のことであり、そこで最も強調されている部分がイイタイコトつまり結論となる。テーマを山全体とすれば、結論はその頂上だと考えればよい。山なしに山の頂上は存在しない。テーマなしに結論はないのだ。君はまずテーマという山の全体像を眺め、次にイイタイコトという山の頂上を目指していくべきだろう。

Point

筆者が本文でイイタイコトは、
つねに本文のテーマの中にあるのだから、
まずテーマをとらえるべきだ。

もちろん、誰かに何かを伝えるとき必要なのは、イイタイコトだけではない。その内容を相手に納得させるイイタイコトの**根拠**がなければならない。したがって、結論を支えている根拠も重要である。

以上から、一般に本文の要旨とは、

①本文の全体像としての**テーマ**
②筆者が最も強調している**結論**
③結論を裏づけ支えている**根拠**

という三つの要素によって構成されたものと考えていいだろう。

▼テーマを見出す

本文の構造から考えていこう。先ほど述べたように、本文は二つの意味段落に分けられ、第Ⅰ段落も第Ⅱ段落も、対立項をふまえて「現代の東京」を主題にマトメられていた（14ページ）。ゆえに、

〈①（テーマ）現代の東京〉

と考えられる。

▼結論を導き出す

〈現代の東京〉について作者が君に最も伝えたいことは何か。それは本文の終わりにある。最終段落に、「面白い」「独創的な」（25・26行目）という⊕（プラス）方向を示す表現があった。ここではじめて〈現代の東京〉における筆者自身の⊕の価値判断が下されているから、当然この部分が筆者のイイタイコトとなるわけだね。つまり、

〈②（結論）現代の東京は新旧の要素の組み合わせが独創的で面白い〉

ということだ。

もちろん、結論がつねに文章末や最終段落にあるとはかぎらない。最初の方に書かれている場合もあれば、途中にある場合もあるし、また何ヵ所かに分かれて存在する場合だってある。ただし、一般に日本人は、物事が徐々に進められていくのを好むため、文章においても徐々に重要なことが述べられていくという場合が多い。したがって、文章末や最終段落で示される筆者自身の判断には注意を払った方がよい。

Point

すでに提示されたテーマについて、本文末尾で示される筆者自身の判断は、本文のイイタイコトと考えてよい。

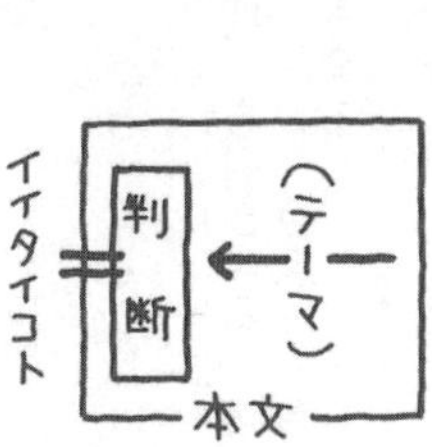

▼根拠を探り出す

結論を支える根拠は何か。新旧の要素が組み合わさった面白さが〈現代の東京〉に存在するのは、いったいどうしてなのだろうと考えてみればよいだろう。それは文章末にあるように〈現代の東京〉が〈明治の東京〉を引きずっ

ているからだ。しかし根拠はこれだけだろうか。本文の大半はイイタイコトを伝えるために用意されたものなのだから、本文全体を見渡さなければならないはずだ。したがってここでも、テーマ探しと同じように、本文の構造から考えればよい。二つの**意味段落**がどのようにマトメられていたかは、先ほど述べた（16ページ）。ゆえに結論の裏づけは、

〈③（根拠Ⅰ）現代の東京は江戸の来歴（計画された空間と生きられた空間）を引きずる〉

〈④（根拠Ⅱ）現代の東京は明治の東京（江戸の蓄積と西欧的要素）を引きずる〉

の二つとなる。

以上①～④までが要旨の内容だ。ただし、あくまでも①～④を論理的にマトメ直したのが、本文の要旨であって、単に①～④の順に並べたものであってはならない。

Point

本文の構造をもとにテーマから結論、さらに、その根拠へと模索していったうえで、新たに根拠から結論へとマトメ直したものが要旨だ。

イイタイコトに〈とび蹴り〉する方法（その1）

イイタイコトとは、もちろん筆者が君に一番伝えたいと思っている内容（メッセージ）であり、要旨の中心と考えればよい。したがってイイタイコトさえわかれば、その本文はある程度読めたことになるから、読解において、

まず君が目標とすべきなのは、このイイタイコトの把握だ。

ここでは、評論文のイイタイコトの前提つまり筆者が文章を書くモチーフ（動機）を扱いたい。もちろん〈現代文〉は、本文として提示された文章の読解を前提としている。したがって、ここで言うモチーフとは、本文のテーマに関して推理されうるものの範囲に限られるし、またこの範囲にとどまることに、むしろ意義があると思う。なぜなら、なんの限定もなくモチーフを明らかにできるという考えこそおかしいのであり、すべての行為（文章行為をふくむ）に論理的な動機を求めることこそ近代人の陥る思考のタコツボなのだから。すべてに動機づけを追求する人間は、未知のものに出会ってもけっしてそれに気づくことはないだろう。たとえば僕らは、何かの動機をもって、この世に生まれてきたわけではあるまい。大学についても同じことが言える。これから君が送ろうと思っている大学生活には、君にとって未知の部分がある。いま心にある動機以外に、その未知の部分に賭けるところがあるはずだ。未知に賭けることは論理的な動機ではない。決して僕らは、論理的な動機だけで生きているのではない。むしろ未知のものが僕らを誘惑し励ましているはずだ。

本題に戻る前に、アトひと言。僕はいま明らかに本題からはずれている。僕の仕事は〈現代文〉という入試科目において、君に実力をつけて君が大学へ合格できるように援助することだろう。僕は当然この文章を書くモチーフを持っているわけだ。ところが文章を書くということは、ひとつの行為であり、生きることそのものだから、こんなふうに僕自身にとっても予期せぬ内容が入ってしまう。これは現実に授業においても余談雑談という形で現れる。信じにくいことかもしれないが、真剣に授業をしようとすればするほど、予期せぬもの、動機から外れたことがまぎれこむ。

本題に戻る。文章が書かれたモチーフを考えることによって本文のテーマ、筆者のイイタイコトをより直接的に把握してみようと思う。ここで言うモチーフには、必ず一つの法則がある。それは筆者がおそらく常識的でないと考えている内容を書きたがるということだ。たとえば評論文において、

〈日本はアジアにある国だ〉

という内容は、一見あたり前すぎてイイタイコトになりそうにない。誰もがわかっていることを力説しても意味がないからだ。ところがもし〈日本はアジアの国であることを忘れている〉という常識が存在したとすると、今度は〈アジアにある国だ〉は必ずしも常識的でないことになるので、イイタイコトにもなりうる。つまり筆者は、常識的でないと思うからこそ、イイタイコトとして主張するのだ。君が友達にイイタイコトは、

〈きのうも3回食事をした〉

というような常識的なことではないはずだ。もちろん君がダイエットで昼食を抜いているというような常識が友達にあれば、これもイイタイコトになる。僕らは友達に話をするとき、こんなふうに始めはしないだろうか。

〈きのう変なことがあってさ……〉

〈信じられない話なんだけど……〉

というぐあいに。「変な」「信じられない」という常識的でないことがイイタイコトなのだ。

では、本文の筆者が、テーマ〈現代の東京〉について常識的でないと考えていることは何か。近代に属する僕らの時代において、特に今の日本において、多くの土地が都市化の波を受け、都会は目まぐるしいスピードで新しさを追い求めて変化している。もちろん〈現代の東京〉における変化はすさまじい。〈東京は新しいモノが満ちあふれた街〉。これが常識だろう。

そこで、その常識と異なる筆者の意見に〈とび蹴り〉すればよい。

Point

常識との差異性が文のモチーフだから、
テーマにおいて常識と対立する内容が、
筆者のイイタイコトの大まかな中味になる。

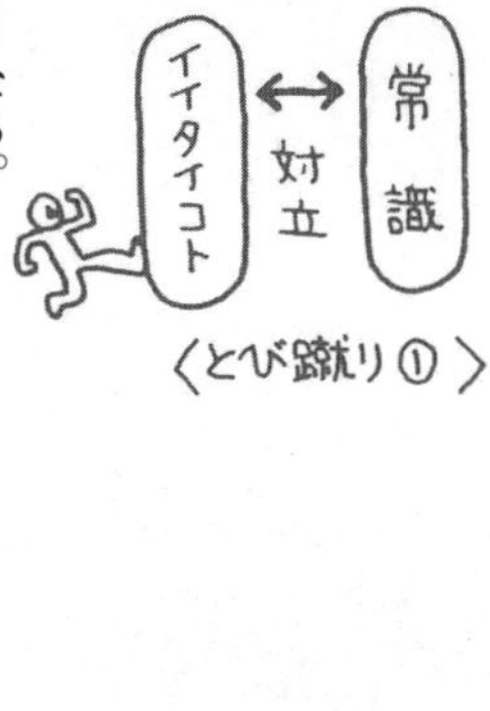

〈とび蹴り①〉

つまり、本文における常識・モチーフ・イイタイコトの関係をまとめると、こうなる。

A（イイタイコト）現代の東京は、江戸や明治の東京を継承している都市だ。

↔………〈差異性＝モチーフ〉………↔

B（常識）現代の東京は、目まぐるしく変化する常に新しい都市だ。

雑音《ノイズ》

80年代後半から90年代にかけて行われた地上げ・再開発・ビルの建設ラッシュという一連の動きは、江戸から東京へと受け継がれてきた300年以上にも及ぶ土地の基本的骨格を破壊した。街のすばらしさは一世代や二世代によって作れるようなものではないが、それを壊すことは一瞬にして可能だ。まさに300年かかってできたものも、3日で消えてしまう。近代という時代は僕らの生活や心を追い抜いて変化と新しさを要求しつづけるのかもしれないが、周囲や状況に合わせ陽気に流されていくだけでは何にもならないだろう。自分は、あるいは自分たちは何にこだわるのか。どこで立ち止まり、何を守るのか。それを見出さなければ、手の中の砂のようにすべては僕らから失われてしまう。

読解力開発問題　解答

〈段落〉　第Ⅰ段落　16行目まで　　第Ⅱ段落　17行目から

〈要旨〉　現代の東京は、計画された空間を越えて生きられた空間を形成した江戸の来歴を継承し、さらに江戸の蓄積の上に西欧的要素を採り入れた明治の東京を継承して、新旧の要素の組み合わせが独創的で面白い都市である。（98字）

（傍線部は重要内容《イイタイコト》）

実際の入試の設問に行こう。

ここからは、本文の筆者の

イイタイコト

を把握したうえで、設問文をしっかりと読み、

設問の**条件・ヒント**

をチェックし、さらに設問の出題者の

キキタイコト

を推理して答えを決めねばならない。

問一は漢字の書き取り問題だ。①（イセイ）には

ないから、

〈威勢・為政・異性・遺制〉

などの同音異義語がある。試験において正しい漢字が書けないのは、字そのものを知らないという場合以上に、むしろ、どの字を選ぶべきかを知らないという理由によることが多い。前後の文脈から意味を判断して答えねばならないから、

意味をチェックして**同音異義語**を日頃から整理しておくことが重要だ。しかも同音異義語のある漢字は出題されやすいので注意してほしい。ここでは「イセイ者」とあることから答えが決まるはずだ。

③は〈故事来歴〉という四字熟語にも使われるので、しっかり覚えてほしい。

⑥（イショウ）には、

〈意匠・異称・衣装〉

などの同音異義語があるが、意味も考えないで、自分の見慣れた漢字を当てはめ、

〈衣装〉（誤答例）

と書いてタコツボに落ちないように。「建物を……洋風のイショウのものに」から漢字を決めねばならない。

問二は選択肢のある空欄補充だ。このような設問における最悪ともいえる解法は、選択肢の語句をアから順に空欄に代入して前後の文を何度も読み、もっとも自然なものはどれかと考えて答えを決めていくやり方だ。たとえば、ここでこのような方法をとると、イなどを選んで間違う可能性が高いと思う。これではほとんどフィーリングで答えを出しているようなもので、解法とは言えない。こんなことをくり返しても、君の実力は伸びないだろう。つまり、

フィーリング≠解法

ということを、はっきりと認識してほしい。フィーリングで文章が書かれたわけではないし、フィーリングで設問が作られたわけではない。そこには必ず筆者のイイタイコトと出題者のキキタイコトがあるはずだ。

また、フィーリングで偶然答えが合っていたとしても、喜ぶわけにはいかない。現代文では論理は積み重ねられても、フィーリングは積み重ねられないからだ。これでは、より難度の高い設問や君のフィーリングに合わない本文では、いつまでたっても正しく答えが出せないだろう。内容問題における出題者のキキタイコトは、つねに、

本文の論理的な読解

にあることを忘れてはならない。文脈をとらえると言ってもよいだろう。文脈という語は英語の context に対応するが、text は textile の語幹と同じであり、織物を意味する。つまり context とは言葉によって織られたものを意味し、その織物の縦糸と横糸は、同値と対立だというふうに考えればよい。すべての設問がこの二つで解けるわけではないが、人間の基本的な認識能力は、

AをAと同じ（**同値**）と判断する力

と

AをBと違う（**対立**）と判断する力

であるから、文の論理つまりキキタイコトは、同値と対立が基本になるわけである。

では、本文の[A]を含む文と、その直前の文とを見クラべよう。[A]の文の終わりが「……という見方である。」であるのに対して、直前文の終わりは「……という捉え方がある。」となっている。しかも両者とも「都市のあり方、捉え方」（1行目）の「二つ」のうちの二番目の方であることは、「一方」（3行目）以降の記述であ

ることから明白だね。したがって二つの文は同値関係。出題者のキキタイコトは、この関係が把握できたかどうかにある。さらに［A］の部分との同値内容をしぼればよい。すなわち、

人々によって［生きられた空間］としての都市、という捉え方がある。
＝
人々の様々な［A］が実際の都市空間を意味づけ…という見方である。

という関係から、［A］に入る内容は、「生きられた空間」と推理できるから、正解は〈エ　営みの集積〉。〈営み〉は生きられた中味のことであり、また〈集積〉によって空間がうまれる。アは〈意識〉からダメ。なぜなら、〈意識〉とは19世紀的な近代の主体中心の発想を示す語であり、筆者の言う「生活し、行動する」（4行目）というのはそんな〈意識〉を超えたものを意味しているからである。20世紀における無意識の発見・現象学・構造主義・テクスト論などを思い浮かべてもいいだろう。人間は〈意識〉だけで「生活し、行動する」わけじゃないということであり、それは20世紀の知の発見（形《けい》而《じ》上《じょう》学批判）にも対応していたわけだね。イは先ほど言ったようにヒッカケ。フィーリングで解いた人は、空欄前の「生活し、行動する人々」あたりを読んで、すぐに

〈イ　暮しの事実〉（誤答例）

を選んだかもしれないが、これはタコツボです。空欄の前後に答えがあると思い込んではいけない。そうではなくて、空欄の前後をヒントにして論理的に答えを出すことが必要なんだ。イを選んだ人は、しっかり検討すること。

また、ウを選んだ人は不注意だ。内容的に悪くないが、空欄直前の「様々な」と〈多様〉が重複するのでムリ。

問三も空欄補充だ。まず［B］から行こう。空欄の前には「それ」という指示語があるね。これはもちろん直前の「実際の都市空間」を指しており、問二の解説でわかるように、「生きられた空間としての都市」がその内容だ。したがって、「豊かな［B］を付け加えていく」の部分は、「生きられた空間としての都市」の補足説明と考えていい。こんなふうに、指示語の

指示内容を明らかにしておく

ことが出題者のキキタイコトをとらえる前提となるので、指示語には注意してほしい。次に、この部分に対応する箇所を捜すのだが、同じ［1］段落には見当たらない。たぶんこれが、この設問の正解率が低い原因だと思う。そこで、次の（［2］段落の）

段落冒頭部にある表現を見る

と「このような観点から」とあるので、［2］段落を追イカケル。そう、［1］と［2］の段落には同値関係があったよね。出題者のキキタイコトはこの関係の把握だ。そこで［B］を含む部分と11行目からの部分を見クラベルと、

それ（生きられた空間としての都市）に豊かな［B］を付け加えていく

＝

生きられた空間としての都市の［魅力］を大いに高めたのである

という同値が読みとれる。だから［B］に入る内容は、「魅力」と考えられる。これに最も近いのは〈b　イメージ〉だ。c・dでは、都市の魅力とはいえない。またフィーリングで解こうとすると、ヒッカケられるのが

〈a　アイデア〉（誤答）
だ。都市計画にはアイデアが必要だから、なんて勝手なデッチ上げをしてしまったのだろうか。タコツボ行きです。

Point

本文中の一部だけをとらえて、頭の中で、
勝手な解釈・推測をするのではなく、
本文中の表現を見クラベルことが重要だ。

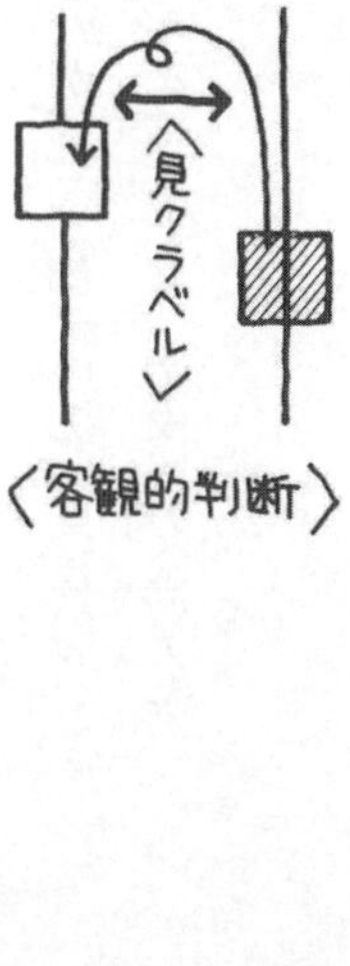

次に［D］に行こう。［5］段落の解説を思い出してほしい。［D］を含む文は、

話題の継続を示す**接続詞**「そして」

で始まっており、［4］段落の要約だった。この把握が出題者のキキタイコトになるだろう。そこで、

土地利用の用途を変更し、その中身の建物を文明開化にふさわしく洋風の［意匠］のものに置換

＝

異文化を受け入れ始めた明治の東京は町づくりや建築［D］のまさに試行錯誤の実験場

という同値関係から、［D］に入る内容は「意匠」となる。したがって正解は〈ウ　デザイン〉。この設問は意地悪だね。もし問一で⑥の漢字を「衣装」と書いていたら、〈エ　ファッション〉を選びかねない。これまたタコツボです。また、この設問ができていて、⑥を「衣装」と書いた人は、不注意とも言える。

問四も空欄補充。 C の前後から、その内容をしぼりこめばいい。
 C ＝「大名屋敷の跡地」＝「都市機能をもりこむ」もの＝「そのまま活用された」もの
というふうに、一文の中の同値性をとらえれば、解答は〈a　格好の器〉と決まる。「跡地」は都市機能をもりこむのに〈格好〉の場であり、「もりこむ」のは「器」だ。出題者のキキタイコトの中心も、この「器」という

比喩表現の理解

にあったわけで、そのためbにも「容器」という同内容の語があるんだろう。もちろんbは、「そのまま活用された」とあるから〈新型〉の箇所がダメ。またc・dは、「都市機能をもりこむ」から〈土壌〉〈有閑〉がダメ。以上のように、この設問は空欄を含む一文の中で答えが出た。だがこれは運がよかったんだ。一般的にこのやり方を適用しようとすると、フィーリングに陥る危険も高い。そこで、できれば他の文から答えを確かめた方がいい。ここでは22行目の「その中身」と〈器〉という

呼応表現から答えを確認しておく

ことが有効だろう。

問五は平易な設問だ。傍線を含む文の直後に「だが」という逆接語がある。したがって、傍線の文と直後の文とは対立関係にあるから、直後の文から答えを求めればよい。もちろん出題者のキキタイコトは、2段落の話題を支える〈計画された空間↔生きられた空間〉という、

対立概念の把握

にあった。ただし、うっかり、

〈生きられた空間としての都市〉（誤答例）

などと答えないように。設問文に「対比されている語句」とあるんだから、なるべく、解答の内容だけでなく**形式**も配慮して、「……空間」と対応する形で答えるべきだ。

問六は少しやっかいな設問だ。正解率もかなり低いと思う。設問文を見ると、「最も関係の深い表現」とある。「関係の深い表現」とは一般的に「対応する表現」ということであり、要するに、

まず**同値**関係、それがなければ**対立**関係にある表現

と考えていけばいい。

ところで、このような傍線部に関する設問の解法として最悪なのは、傍線部だけをとらえて、君の常識に沿って正解を求めていくやり方だ。たしかに自分の常識と本文の文脈とが偶然一致したときには、正解となることもある。しかし多くの場合、本文の文脈と自分の常識とは違っているから、正解にたどりつくことはできない。

Point

ある部分を読解するときは、
君の頭の中の常識によって判断せず、
必ず文脈に沿って理解せよ。

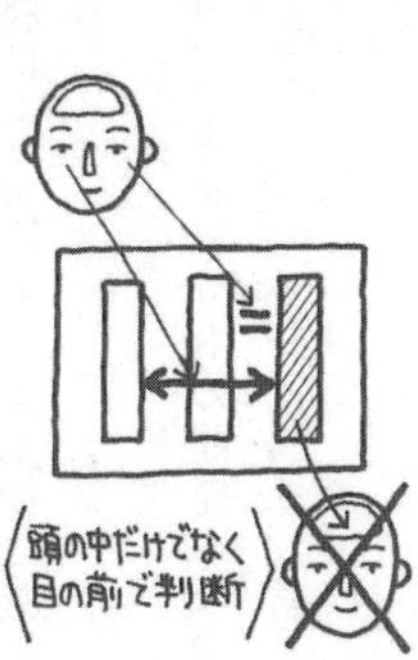

このことを忘れてはいけない。自分の頭の中の知識が多く、またそれに自信がある人ほど、勝手な解釈に陥りやすい。自分は論理的思考力があると思ってるのに現代文が今一つという人に多い。たとえば、

「引きずる」↓〈残っている〉↓〈イ　簡単に崩れるものではない〉（誤答）

などと、自分の常識で判断しないようにしてほしい。このような「表現」に関する設問は、

文法や形式から考えていく

のが安全だ。「引きずる」の主部は何か。「現代の東京は」であることがすぐわかるだろう。実はこれだけでも答えが求められる。「現代の東京は」に選択肢をつづけてみれば、ウ以外の選択肢はムリだ。もちろんウにある、

〈その〉の指示内容

は、「以上のような性格をもつ江戸の町」だ。問三と同様に、指示語の理解がキキタイコトの前提になっていた。

次のように、傍線を含む文と直後の文の同値性からとらえてみれば、さらに明らかだろう。

まさにそうした町の来歴を④引きずりながら生きているのであって

＝

その（以上のような性格を持つ江戸の町の）上に積み重ねられて成立しているのである

また、別の観点から解答を見出すこともできると思う。おそらく実際上、答えをイかウに絞れた人が多いと思うけど、傍線部「引きずる」の対象は「町の来歴」であるから、それは時間にかかわる表現であり、一方イの〈簡単に崩れるものではない〉とされているのは「基本的骨格」（14行目）であり、「基本的骨格である町割や各敷地の形状」（20・21行目）からも、空間にかかわる表現であることがわかるので、イを消去することができる。

こんなふうに時間と空間とか、あるいは主観と客観、精神と物質というような

概念要素による分類

も役に立つので、ぜひ覚えておいてほしいやり方である。

問七は記述だが、設問文を読むと、「文章中の言葉を用いて」とある。二十字程度までの記述なら、

本文中の表現を条件に合わせて**要約・変形**して答えよ

ということだ。

さて傍線部の直後には、「……に始まる」とあり、これは文末の「進められた」（18行目〜）と呼応している。よって内容的には、

「江戸の蓄積そのものの上に西欧的要素を採り入れながらゆるやかに近代化」（18行目）

と答えればいい。これを「十五字以内」にマトメるために、分けて取り出すと、〈①江戸の蓄積〉〈②西欧的要素〉〈③近代化〉の三つになる。しかしこの三つを解答に入れようとすると、十五字以内という条件におさまらないので、どれか一つを省かねばならない。つまり、

制限字数とは、出題者の**キキタイコトの範囲**

というわけだ。こういうときには必ず傍線部そのものに戻って考えてほしい。傍線部の説明として、最低限何が必要なのかと考えていくと、「文明開化」とは変化であるから、②・③が必須語句、①はあった方がいいという程度だとわかる。そこで①を省く。ただし、ここで解答を作るときに気をつけねばならないのは、語句と語句のつなぎ方だ。

〈西欧的要素の近代化〉（誤答例）

では、もちろん0点になる。これでは、西欧的要素が近代化されたことになって意味が通らない。安易に「の」でつながないこと。たとえば、

〈彼女の誘惑〉

とだけ書いた場合、彼女が誘惑の主体なのか対象なのか、すなわち〈彼女が誘惑すること〉なのか〈彼女を誘惑すること〉なのかわからない。もちろん、

〈彼女の誘惑に負けた〉

と書いた場合には問題はない。こんなふうに、記述では常に意味がぼやけないように、

主体と対象が明確な表現

を心がけてほしい。

問八は、問七と違って、設問文に「抜き出せ」とあるから、かなを漢字にしたり、文末を整えたりするなどのわずかな変形も許されず、

本文中の表現そのまま

で答えなければならない。また、設問文には、「最もまとめて述べてある」と書いてあるから、

解答の候補は複数

と考えていいだろう。「十字以内」という条件も加味して候補を拾い上げると、

ⓐ試行錯誤の実験場（24行目～）
ⓘ新旧の要素が錯綜し（25行目）
ⓤ独創的な組み合わせ（26行目）

などだ。この三つを見クラベル。ⓐは〈実験場〉というのが比喩的だし、ⓤは何の〈組み合わせ〉なのかという具体性がない。内容の明確さからⓘを抜き出すべきだ。抜き出しでも記述でも、答えは特別な条件がない限り、

なるべく直接的、具体的にするのが原則である。覚えておいてくださいね。

解答（配点は50点満点とする）

問一 ①―為政　③―来歴　⑥―意匠　（2点×3＝6点）

問二 エ　（5点）

問三 B―b　D―ウ　（4点×2＝8点）

問四 a　（5点）

問五 生きられた空間　（5点）

問六 ウ　（5点）

問七 西欧的要素の導入による近代化・西欧的要素を採り入れての近代化　（9点。ただし、「江戸の蓄積の上に近代化」などは5点。「西欧的要素の近代化」などは0点。31ページ参照）

問八 新旧の要素が錯綜（し）　（7点）

Lecture 2

今回は、文学論ですが、ジャンルや内容は違っても、

論理的な読解

を心がければよいという点では**第1問**と同じ。

では、まず**1段落**。ここでの大きな特徴は、

一文で一段落

という形式をとっていることであり、このあとには他に小さな段落はつづいていない。つまり、筆者はこの一文を一段落として、わざわざ独立させたといえる。しかもこの箇所が、

本文の第一段落

であることも考えれば、まず最初にこのことだけはハッキリさせたい、という筆者の意図が読みとれるだろう。

Point

本文の中でも特に小さな段落は、
わざわざ独立させて、どうしても筆者が
言っておきたい重要なマトマリです。

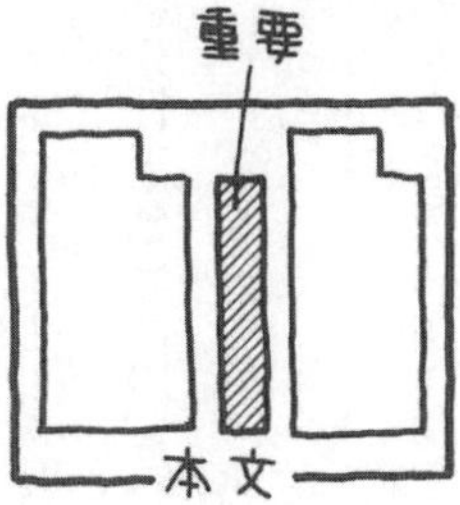

またこの文を読んだ君は、すぐ対立項に気づいたはずだ。

「文学的な経験」と「科学的な経験」

という比較的よく見かける対立だ。しかし中には「経験」という共通性が気になる人もいるかもしれない。ここで少し、

〈対立〉の構造とは何か？

について簡単に話しておこう。それは、ひとことで言うなら、

共通性をふまえての差異性

ということだ。つまり共通性という土俵があってはじめて、差異性のある両者がぶつかり、

意味を生み出す

というわけだ。野球選手と相撲取りがぶつかっても、なんの意味もない。本文では「文学的」と「科学的」が「経験」という共通の場で衝突しており、その「区別」が「困難な仕事ではない」と判断されている。ただし、ここで気になるのは、1段落にその判断の根拠がないということだ。評論文において、

根拠のない判断なんてありえない。

ということは、②段落以降で根拠が示されるはずだ。逆に言えば、①段落で、ひとまず先に判断を示しておいたのだ。

> **Point**
>
> 本文冒頭の根拠のない判断については、
> そのあとに根拠がつづき、
> イイタイコトとなる可能性が高い。

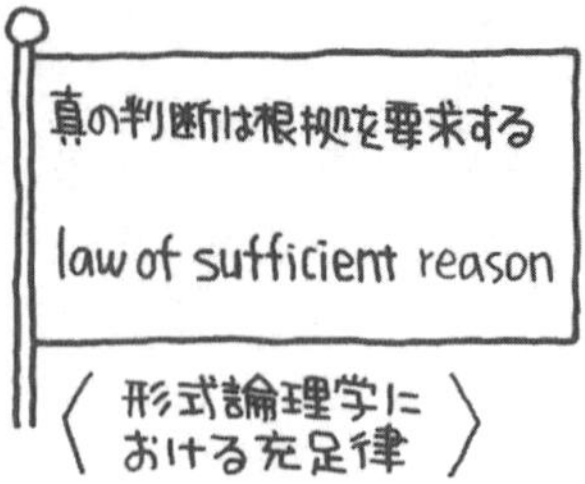
真の判断は根拠を要求する
law of sufficient reason
形式論理学における充足律

②**段落**に行こう。君はどうしても「たとえば」（6行目）で立チドマル必要がある。その前後で論説のレベルが、大きく異なるからだ。つまり、

「たとえば」より前は**一般論**

「たとえば」より後は**具体例**

となる。ただし、ただ右のように分析しているだけでは意味がない。ものごとを分析することは、たしかに大切だけれど、

分析して、さらに、**統合**する

ということが重要だ。近代が科学的分析の時代だとすれば、現代はその分析したものを統合していくことが求めら

れている。それこそが現代はイメージの時代と言われることの本当の意味だと思う。電子顕微鏡や精神分析を用いてとらえられた物や人間が、正しい姿だとは到底考えられない。しかしまた、僕らの文明がもはやそれらを捨て去ることができないのも事実だろう。いま僕らが手に入れなければならないのは、さまざまな分析像を一つのイメージに統合できる能力ではないだろうか。では、統合するうえで、まず僕らは何を考えねばならないのか。それは、分析された

要素と要素との関係

を把握することである。本文においては、「たとえば」は例証の言葉だから、必ず同値関係が成り立つ。

たとえば、

〈偶数は2で割れる。たとえば、8は2で割れる。〉

という文章における前後の同値性は明らかだろう。つまり、

A（論）

＝「たとえば」

A´（例）

という関係を思い浮かべることが大切だ。もちろん僕らが積極的に読みとらねばならないのは、筆者の論（A）の方であって、例（A´）は単なる証明にすぎない。例はテーマにもイイタイコトにもなりやしない。したがって、本文を読んでいくときに、

A´（例）の部分は（　）に入れておく

というのは、なかなか有効な作戦となる。とにかくA（論）を把握することが重要なのだから。

Point

ものごとはまず分析したうえで、
要素と要素との関係をつかむことによって、
構造的にとらえることが重要だ。

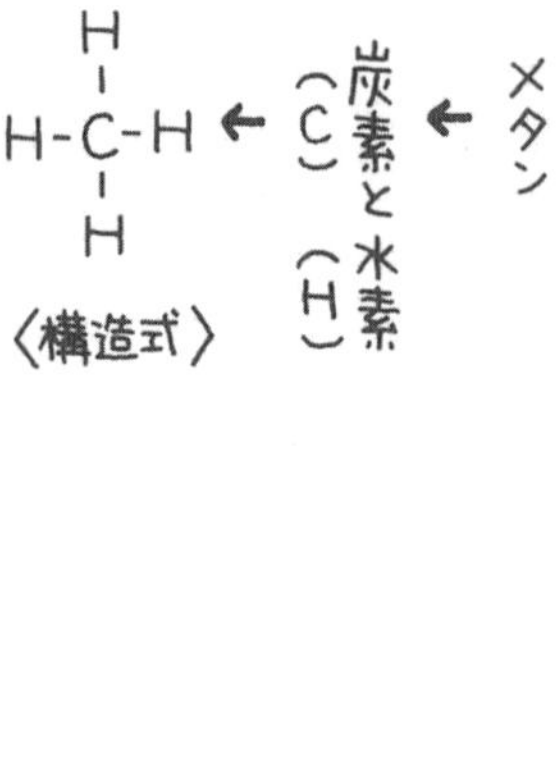

2段落は結局、「科学」の性質が話題だった。

3段落に進もう。ここでは2段落と見クラベルことが大事だ。

2段落の冒頭は「科学は……」

3段落の冒頭は「文学は……」

となっている。これは1段落の対立項と同じだね。ここでは「文学」の性質を「科学」の性質と対立させて述べている。具体的に比較しておこう。

2…「科学」は［ア］的な経験の一面を抽象…分類…法則の普遍性について語る（3～6行目）

↔

3…「文学」は具体的な経験の具体性を強調…分類の不可能な、一回かぎりの具体的な経験が…対象である（11～13行目）

この対立関係がしっかり把握できただろうか。そしてこの両者の差異こそ、1段落の「区別することは……困難な仕事ではない」の根拠になっていることに、君は気づいただろうか。

先へ進もう。13行目の「梶井基次郎の……」のところから、論説のレベルが変わることに注目する必要がある。「たとえば」というような言葉はないが、

一般論（A）から具体例（A´）へ

と変化しており、それ以前の部分（11～13行目）との間に同値関係（A＝A´）が成り立っている。したがって、この部分は例示にすぎない、「梶井基次郎の」から「……にはならない。」まで（13～21行目）の部分は（　）に入れて、あっさりと読み、次の論を追イカケル。あくまで重要なのは、論（A）だったね。現代文の学習では、論より証拠ではなく、

証拠より論（A´よりA）なのだ。

さて、次の論が始まるのは21行目の「まさに……」からであり、

具体例（A´）をふまえた一般論

ということになるので、要注意。しかもその内容は、「文学の表現する経験は、科学の扱う対象から、概念上、はっきりと区別することができる」というように、完全に、

1段落へと**話が戻る**。

この〈話が戻る〉という確認はきわめて大切だ。本文を読むときには、常にこのことを念頭においてほしい。話が戻ったということは、1段落から、この3段落の最後までが、

「文学」と「科学」の対立関係

に基づいた話題だったわけで、ここで両者の「区別」の話題が終わったことになる。別の言い方をすれば、この〈話が戻る〉までの間にあった部分（3～21行目）は「困難な仕事ではない」（2行目）という判断の根拠の説明だったということであり、今この箇所で〈話を戻す〉ことにより読者に内容の確認をとっているわけだ。

Point

話が以前の内容に戻ったということは、
そこまでで説明が終わって、
ひとつの重要な論がまとめられたという合図。

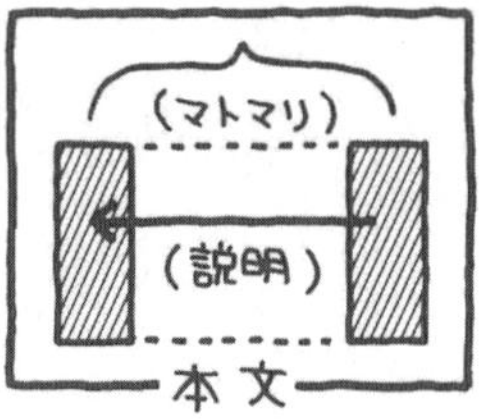

4段落に行こう。第1文を見ると、いきなり

冒頭に接続語がある

ので注意してほしい。どうしてここに、

逆接の接続語「しかし」

があるのか、と考えてみることが重要だ。前後を見クラベルと、

「はっきりと区別することができる」（22行目～）

↔ 「しかし」

「区別することは、困難であろう」（24行目～）

という対立が、逆接でつながっており、前の方が3段落の「文学」と「科学」の「区別」に関する話題であるのに

対して、後の方は「文学」と「日常生活」の「区別」に関する話題であり、その両者が「区別」の〈困難さ〉において対立関係にあるとされている。つまり、

3……〈文学〉と〈科学〉の区別………困難でない
↔　　　　　　　　↔
4……〈文学〉と〈日常生活〉の区別…困難だ

となる。このように、冒頭の接続語の役割を追求することで、3・4段落の関係がはっきりした。先ほども言ったように、ただ目の前にある物事の内容を分析するだけでなく（段落ごとの内容をまとめただけの参考書や、個々の新奇な現象だけを扱う評論家は世の中に数多くいるが）、要素と要素との関係、つまりここでは、

段落と段落との関係

を考えてほしい。

Point

段落冒頭の接続語などに注意をし、
段落ごとの内容をとらえるだけでなく、
段落と段落との関係をつかまえる。

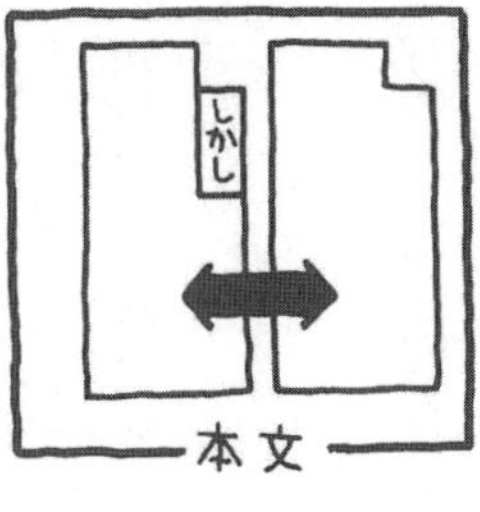

第2文以下を追イカケよう。この4段落のほとんどが実は具体例にすぎないことに、気づいただろうか。つまり
（　）に入れて読むのは、

「八百屋で……」から「似ているのである。」（27〜40行目）

ということになる。たいへんに長い例だ。しかし君がここでしっかり把握すべきことは、

具体例（A´）の前提になっている一般論（A）

の方だ。第2・3文においては「日常生活の経験」（25行目）がどのようなものかについて述べ、第1文の内容の説明をしている。したがって例の中に登場する

「主婦」と「子供」の経験は「日常生活の経験」の例

と読みとるべきだ。では次に、この「主婦」と「子供」という並列項の関係はどうなっているだろうか。それを知るためには、31・32行目の「しかし」に注目しておけばよい。とうぜん、

「主婦」と「子供」は対立関係

ということになる。内容的には、前者が「科学的な面」（25行目）、後者が「文学的な面」の具体例だ。つまり、この段落全体では、

日常生活の経験 ｛ 科学的な面…A ↔ 文学的な面…B

＝

㊟例 ｛ 主婦…………A´ ↔ 子供…………B´

という同値・対立によって、「日常生活の経験」が説明され、それが「文学的な面を含む」（25行目）ということが根拠となって、「文学を……日常生活から区別することは困難であろう」（24行目〜）となるのである。

そして結論部である**5段落**（最終段落）もまた、4段落と同様の内容を、くり返している。話が戻ったことになる。もちろんこのことがわかっていれば、傍線（3）や［オ］に関する設問で間違うことはありえないだろう。また、文末の形を比較すると、

4段落の冒頭の文は「区別することは困難であろう。」

5段落の最後の文は「区別することは困難だということになる。」

というふうに、前者は推量形、後者は断定形になっている。すなわち、前者で仮説（A）として示された内容が、例（A′）によって証明されたあと、後者で結論（A）として断定されたのだ。

Point

評論文の典型的な文章パターンは、
仮説として示された判断が例証されたうえ、
結論が下されて話が終わるというもの。

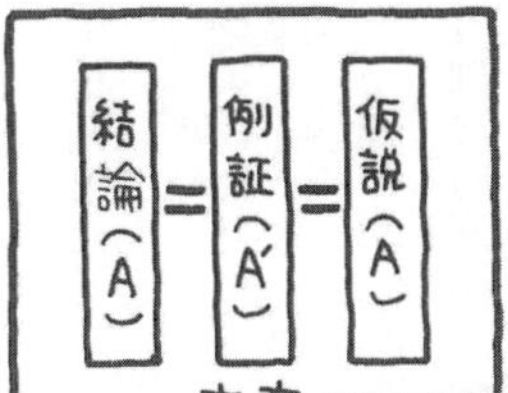

では、本文全体をもう一度眺めてみよう。1段落においては、対立項は〈文学的な経験↔科学的な経験〉であり、両者の〈区別は困難ではない〉と述べられる。2段落では〈科学〉、3段落では〈文学〉の性質を対比的に説明することによって、〈区別は困難ではない〉ことを裏づけていた。つまり、1〜3段落における話題は、〈文学↔科学〉という対立概念に支えられて展開している。

それに対して、4段落においては、〈文学を日常生活から区別することは困難だ〉と述べ、〈日常生活の経験〉に

ついて説明することによって、〈区別は困難だ〉ということを裏づけていた。5段落でも〈文学的経験を日常生活の経験から区別することは困難だ〉と述べている。したがって、4・5段落における話題は、〈文学⇔日常〉という対立概念に支えられて展開していた。よって、

第Ⅰ段落が、

1（文学的な経験と科学的な経験の区別は困難ではない）↑2（科学の性質）・3（文学の性質）

第Ⅱ段落が、

4（日常生活の経験）↓5（文学的経験を日常生活の経験から区別することは困難だ）

となる。

意味段落を確認したうえで、次に本文全体の要旨を考えていこう。

▼テーマを見出す

本文は二つの意味段落に分けられたが、第Ⅰ段落とⅡ段落の話題は、それぞれ別の対立項をふまえているから、本文全体のテーマも二つ。

〈①（テーマⅠ）文学的経験と科学的経験の区別〉

〈②（テーマⅡ）文学的経験と日常的経験の区別〉

と把握しなければならない。

▼結論を導き出す

それぞれの意味段落における

最初と最後

を押さえれば、同じ内容が仮説・結論という構造でくり返されていることがわかる。そこから、

〈③（結論Ⅰ）文学的経験と科学的経験の区別は困難ではない〉

〈④（結論Ⅱ）文学的経験と日常的経験の区別は困難である〉

となる。

▼根拠を探り出す

本文の構造からわかるように、〈結論Ⅰ〉の根拠Ⅰは[2]・[3]段落、〈結論Ⅱ〉の根拠Ⅱは[4]段落にある。[2]・[3]・[4]段落にはそれぞれ具体例（A´・B´）があり、それを通して証明されている内容を把握すればいい。

[2]段落では、

A（科学は抽象化された経験を扱う）

＝

A´（一個の具体的なレモン）

また[3]段落では、

B（文学は具体性を強調した経験を扱う）

＝

B´（梶井基次郎の『檸檬』）

の同値をとらえれば、〈区別は困難ではない〉の裏づけは、

〈⑤（根拠Ⅰ）科学と文学では扱う対象が違う〉

となる。

次に4段落では、主婦・子供という具体例によって証明された内容から考えて、〈区別は困難である〉の裏づけは、〈⑥（根拠Ⅱ）日常生活の経験は文学的な面と科学的な面の両方を含む〉となる。

◇◇◇

雑音《ノイズ》

なぜ文学は、数学や物理や経済のような普遍的で一般的なことではなく、具体的で特殊な一回限りの経験を扱うのだろうか。おそらくそれは、僕らの生が具体的で特殊で一回限りだからだろう。たぶん、そうでないところに生きることは存在しない。なんの波瀾《はらん》もなく、予定通りなんて、ありえないことなのだ。抽象化も法則化もできず、くり返すことのできない、とり返しのつかない、世界で唯一の具体的な事・物・人だけが、僕らをドキドキさせ、僕らに命を与えているにちがいない。

◇◇◇

読解力開発問題　解答

〈段落〉　第Ⅰ段落　23行目まで　　第Ⅱ段落　24行目から

〈要旨〉　科学と文学では扱う対象が違うため、文学的経験を科学的経験と区別するのは困難ではないが、日常生活の経験は文学的な面と科学的な面の両方を含むため、文学的経験を日常的経験と区別するのは困難である。（95字）

（傍線部は重要内容《イイタイコト》）

問一は一種の脱文挿入。脱文の中の「…ことによって」という特徴的な表現に注目したうえで、脱文をしっかり読み取ることが大切だが、まず〈捨象〉という言葉の意味を理解しておきたい。〈捨象〉とは、

〈事物・表象から、ある概念を抽出して把握するのが抽象であるのに対して、そのとき他の概念を排除して考えから捨て去ること〉

を言うが、図示すると次のようになる。

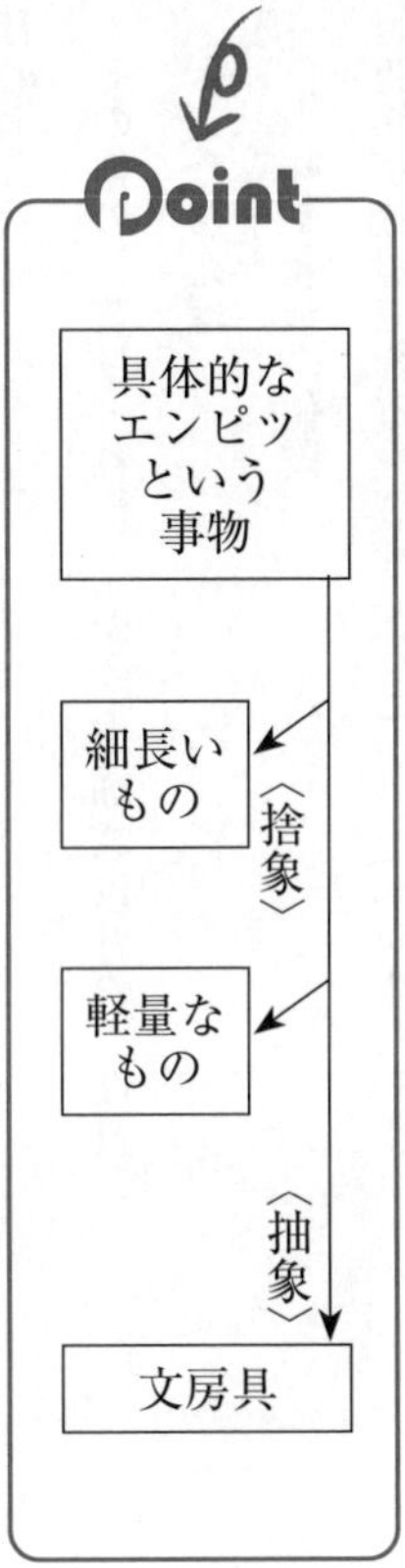

右図からわかるように、〈抽象〉と〈捨象〉とは同時作用だから、セットにして理解したほうがいい。なお英語では、abstraction という一単語に両方の意味がある。〈抽象〉のない〈捨象〉も、〈捨象〉のない〈抽象〉も存在しないから。何かの性質を抽《ひ》き出して考えることは、他の性質を捨て去って考えることである。

さて、問一には隠れたヒントがあることに気づいただろうか。A・B二つの文がきわめて似た形（「…ことによって」という特徴的な表現）をしていることだ。たぶん、A・Bの文を挿入する箇所の前後も似た形をとっていると容易に推理できよう。

一般に脱文挿入では、脱文と挿入箇所とのつながりがキキタイコトになるから、A・Bにある「その」という

指示語の指示内容

を考えることがたいへん重要になる。Aの場合は、〈位置や運動量〉以外の〈性質〉、Bの場合は、〈色や味や産地や値段〉以外の〈性質〉が、挿入箇所の前に書かれているはずだ。6〜8行目を見れば、

Aの場合は、

その他の〈効用や生産費や小売価格など以外の〉性質

=〈たとえば〉

位置や運動量など

Bの場合は、

その他の〈質量・容積・位置・運動等以外の〉性質

=〈たとえば〉

色や味や産地や値段

の同値関係が確認できる。これで答えが出たも同然だろう。

問二は空欄補充だ。［ア］に関しては、「たとえば」（6行目）以下を読んで見クラベればいい。

科学は［ア］的な経験の一面を抽象し、……

=〈たとえば〉

一個の［具体］的なレモンは、……に還元されることによって、力学の対象となり、

……に還元されることによって、経済学の対象となる

右のような同値性から、「力学」「経済学」が「科学」の例、「抽象化」＝「還元」から、[ア]は「具体」となる。また38ページに示した[3]段落との対立からも答えが出せる。各自で考えてみよう。

[イ]は、文の冒頭に「すなわち」があることから、直前部との同値関係をまず把握し、次に文学の性質について例をあげて説明している文であることから、科学の性質について述べている文との対立を考える。

> 再び経験されることのないものである。すなわちその経験に関して、[イ]をつくることができない
>
> ↔
>
> 繰り返されるはずのものである。従って科学は、法則の普遍性について語ることができる（5行目～）

この両者を見クラべれば、解答は「法則の普遍性」と決めたくなるが、設問文に「本文中の適当な語（つまり一単語）、またはその一部」とあるため、解答は「法則」となる。「普遍（性）」では空欄直後の「……をつくる」につづかないためムリ。また中には、「分類の不可能な、一回かぎりの具体的な経験」（12行目～）から答えを「分類」とした人もいるかもしれない。着眼としてはいいのだが、残念ながら、これも「分類をつくる」という表現にはムリがある。「分類をする」か「分類表をつくる」が通常の表現だろう。内容だけでなく、直後との表現上のつながり具合を確認してほしい。

[ウ]に関しては、31・32行目の逆接の接続語「しかし」がチェックできていたかどうかが問題になる。すなわち、「主婦」と「子供」の対立関係の把握がキキタイコトだ。

したがって、

主婦の[ウ]は蓄積され、法則化され、……
↔〈しかし〉
子供は……その[経験]を積み重ねて、↔ 法則を見出す必要もない（36行目〜）

から、[ウ]は「経験」と決まる。対立の前提となる共通性（35ページ）が問われていたわけだね。

[エ]は、「主婦」が「日常生活の経験は……科学的な面も含む」（25行目）ことを証明するための例であることをつかむことが必要だ。空欄前の「買う」から、[エ]に入る「科学的な面」は「経済」となる。答えを「科」とした人もいるだろうが、同じ文の中で「子供のレモンは梶井基次郎のレモンに似ている」というように、「梶井基次郎」という文学の例で述べているため、[エ]にも科学の例で答える必要がある。このように、**対句表現から答えが決まる**こともあるので、文の形式にも注意を払いたい。

Point

文章を正確に読解するためには、
形式と内容の両方を読み取り、
重ね合わせていくことが重要だ。

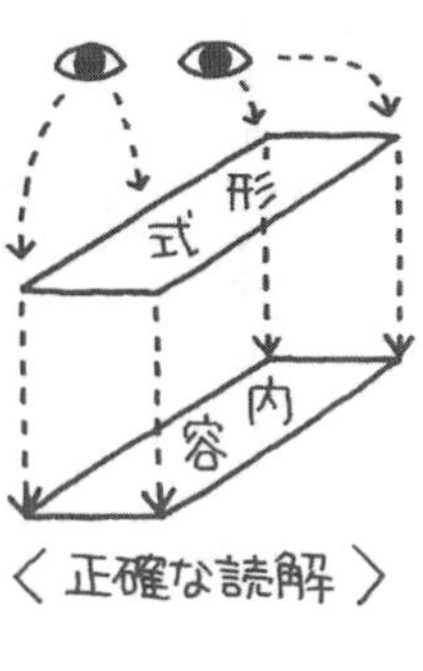

〈正確な読解〉

[オ]に関しては、5段落が内容的に、4段落の冒頭部のくり返しであったことを思い出せばよい。解答は「日常」となる。「日常生活」とした人は、

直後との表現上のつながり具合をよく確認してほしい。「……的経験」となっていて「……の経験」とはなっていない。また、わざわざ設問文で、「本文中の適当な語またはその一部」と書かれていたことにも注意してほしい。一般に、**設問文**には、無駄なことは書かれていないという心がまえを持つことが大切だ。

問三は抜き出しだ。まず傍線（1）が文学の性質を説明するための例であることを把握し、直前の文から「分類の不可能な、一回かぎりの具体的な経験」を解答の候補として考えるべきだ。もちろんこれで内容的にはまったく問題がないのだが、字数オーバーで答えにするわけにはいかない。そこで解答の第一候補は、字数を考慮して、

㋐一回かぎりの具体的な経験（12字）

となるが、切り捨てた要素（「分類の不可能な」）があることを気にしつつ、他の解答候補を捜してみる。すると18行目と20行目から二つの候補が上がる。

㋑再び経験されることのないもの（14字）

㋒具体的で特殊な一回かぎりの経験（15字）

すぐに無理やり答えを決めず、三つの解答の候補を慎重に**見クラベル**ことが重要だ。どの候補にも余分な要素はないが、㋑は㋐・㋒の「一回かぎり」に含まれるので、まず消去。次に㋐と㋒の比較では、㋒の「特殊な」が、㋐で切り捨てられている「分類の不可能な」の言い換えととれるので、あっ

た方がいい。そこでもっとも具体的な表現をとっている㋒を解答とする。

問四は「本文中の言葉を用いて」という設問だ。まず34行目からの「古来詩人の心を以て童心にたとえたのには、理由がある。」以下を追イカケ、38行目の「すなわち」で立チドマればいい。ここで詩人と子供の似ている点を要約しているわけであり、また、ここでは「詩人」と「梶井基次郎」は同内容と考えられるので、「具体的経験をその具体性において捉える」を用いて解答を作ればいい。また本文では、〈文学的↕科学的〉という対立概念が出発点になっていたのだから、字数を考慮して「抽象化せず」と書くことにより〈科学〉の側との違いをふまえておけば、よりいいだろう。

ところで、問三と問四の解答は、どちらも「すなわち」という言葉で始まる文の中にあった。ただし、このことから、つねに「すなわち」を重要と考えたり、そのあとに答えが見つかるはずだなどと、お気軽に考えたりしてしまうのは困りものだ。まして解答の「方法」などではない。これはまったくの偶然なのだから。もちろん、「すなわち」は

要約の接続語

なのだから、そのあとにつづくのは筆者による要約表現なんだと考えてしっかりと読解することは必要だろう。つまり、

接続語は筆者による文脈の**方向指示機**

なんだ。

問五は抜き出し。5段落の解説で述べたように、傍線（3）は4段落の最初に話が戻っている箇所だから、ここから解答を抜き出せばいい。設問文に三十五字以内とあるので、三十字以上と考える。この

字数もヒントとなる。

問六に関しては、もう解説する必要はないと思うが、正解以外の選択肢の間違いを指摘しておこう。アは、〈力学〉はよくても〈経済学もレモンを商品として取扱わない〉がダメ。並列項の共通性をしっかり考慮してほしい。イは〈詩人である〉がダメ。あくまでも、〈子供〉は「日常生活の経験」に属しているのだから、〈詩人に近い〉としか言えない。エは〈感覚〉がダメ。〈感覚〉はむしろ文学の方に属する。オは〈色、肌触り、重み〉が同じレモンであっても、それが全て〈梶井基次郎のレモン〉とはなり得ないから、〈特徴〉とは言えないのでダメ。

問七は文学史。かなり難しい設問なので、実際に得点できる受験生は多くないだろう。できなくても、それほど気にしなくてよいと思う。〈梶井基次郎〉は昭和初期に活躍を開始した詩人であり、小説家です。

解答（配点は50点満点とする）

問一 A―経済学の対　B―力学の対象　（4点×2＝8点）
問二 ア―具体　イ―法則　ウ―経験　エ―経済　オ―日常　（3点×5＝15点）
問三 具体的で特殊な一回かぎりの経験　（5点）
問四 具体的経験を抽象化せず、その具体性において捉える点　（7点。「とらえ方」を尋ねているため「――できる点」としたものは5点。「抽象化せず」がないものは5点）
問五 日常生活の経験は、文学的な面を含むと同時に、また科学的な面も含む　（5点）
問六 ウ　（5点）
問七 3　（5点）

Lecture 3

もしも君が、**第3問**の整序問題（問一）をすんなり解けたとすれば、**第2問**でとりあげた〈一般論〉（A）と〈具体例〉（A′）という

論説レベルの相違

をとらえて、

同値関係（A＝A′）

から文脈をつかむ力が、ある程度養われているのかもしれません。これは文章を論理的に読む上でたいへん重要な能力です。

さて、今回は問一を解きながら、本文を解説していこうと思う。まず解答の手順について。原則として、現代文の入試問題では、先に本文を読み、それから設問文を見て答えを出す方法をとるべきです。先に設問文を読むと、設問箇所にとらわれて本文の重要箇所や論理がとらえにくくなる。（設問箇所が本文の重要箇所とは限らないよ！）また本文を読む途中で設問を見ると、本文の読みが中断されるため、文章の流れがとらえにくくなるからだ。本文を読むまえに、

設問の数量・形式（記述の量など）をチェックしておく

のは悪くないが、選択肢の文などを読み、本文に関して、

間違った先入観を持たないようにしてほしい。誰でも知っているように、選択肢の中には本文の内容と無関係なものや一致しないものも含まれている。（あくまで現代文の読解の第一はイイタイコトの把握です！）また、傍線や空欄にこだわりすぎるのもよくない。設問で問われている箇所が、必ずしも本文の中で重要なところとは限らないし、傍線の部分はわかりにくくて難しいからこそ問われているのだ。最初に本文を読むときから設問箇所にとらわれると、それだけ文脈や全体の要旨をつかみそこねる危険は大きくなる。

Point

設問の数量・形式などの確認をしたら、
設問箇所や選択肢にとらわれず、
筆者のイイタイコトを把握するのが最優先だ。

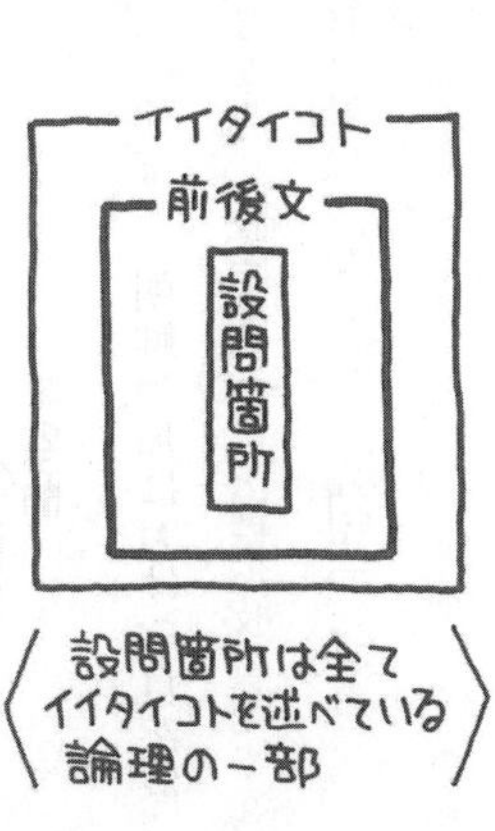

ただし、原則にはいつも例外がある。**第3問**のように、**段落の冒頭に番号や記号が付いている**場合だ。これに気づいたら、即座に設問の方を見て、**整序問題などの有無**を確認しなければならない。そしてもし整序問題があれば、本文を読みながら解答していく必要がある。

では、まず**問一**の設問文を見ると、「冒頭は①」と指定があるので、①**段落**から順番に読んでいこう。第１文では「日本」「四世紀ごろ」「朝鮮半島」などという時間・空間を規定する言葉をチェックしてほしい。

Point

時間・空間によって内容を整理しておき、本文における話の推移を大まかにとらえることが重要だ。

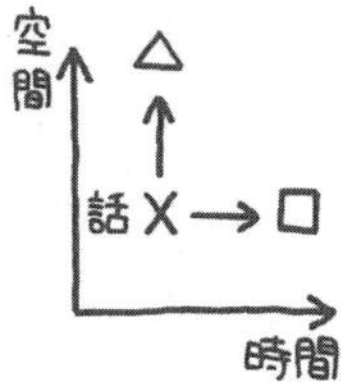

①段落では、第1文で筆者の考えが述べられているが、それ以下の文は、「朝鮮半島における自然破壊」（1行目）の具体的な補足説明にすぎない。君はこの**論説レベルの相違**に気づいたうえで、第1文を①段落の中心と考えねばならない。

それでは、次にどの段落が来るかを捜そう。②～⑥の五つから選ぶのではなく、設問の五つの選択肢を見て②・③・④の三つから消去法で決めればよい。まず②から検討してみると、これは無理がないので、消去せずに置いておく。

次に、③はどうだろうか。第1文に「話をもどします。」とあるが、話をもどすと言うからには、一度は別の話をしていなければならない。ところが、①の最終部も、③の第1文と同じ「三、四世紀」「朝鮮半島」の話であったのに、「話をもどします」というのは無理があるので、③は消去する。④についても同じように第1文を観察すると、「以上は、……好奇心の成立、さらには商品生産への出発」という要約があるが、これは①に存在しない内容であるから、④も消去できる。

Point

整序問題を解きながら本文を読解するときは、
特に段落の最後と最初をチェックし、
論旨の流れから段落間のつながりを考えよ。

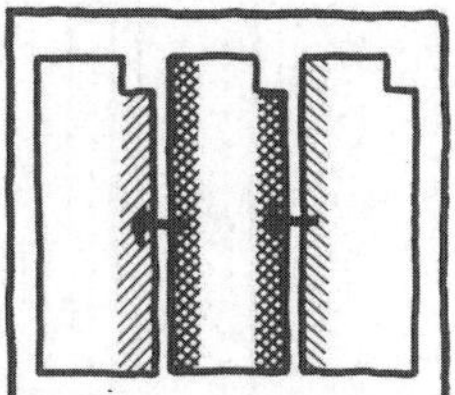

こうして残った②を選び、選択肢のイとニは

消しておく。

②段落の内容に行こう。11行目の「風景になりました。」までの文章は、①段落第1文の「朝鮮半島における自然破壊」（A）の

具体的な補足説明（A´）

にすぎない。最終文では「三世紀、四世紀」「朝鮮」（12行目）をチェックして①、②段落をひとマトメにとらえる。

では次に来る段落を見つけよう。消されていない選択肢ロ・ハ・ホから③か⑥のどちらかに決めればよいことがわかる。まず③に関しては、先ほど説明したように、第1文の「話をもどします。」（14行目）の記述から無理があるので、消去する。⑥に関しては、第1文に「この四世紀前後の朝鮮における事情」（48行目）とあるので、②の最後とうまくつながる。こうして⑥を選び、選択肢のロを

消しておく。

⑥段落を見ていこう。第1文にあるように「四世紀前後の朝鮮」という話題（A）を「十六世紀の英国」という類似の例（A´）によって説明しているだけ。したがって「ご存じのように……」（51行目）以下から段落末までは、

（　）に入れて読みとばす。

よく受ける質問の一つに、

どうしたら速く文章を読めるのか？

というのがあるけど、もともと読書というのは、文章を味わって自分なりに反応すればいいわけだから、速読ということには価値がないはずだが、入試や仕事においては時間の制約があるため、このような欲求が出てくるのは当然だろう。その結果、世間には数多くの速読法の本も出回っている。しかしどのような話題・ジャンルの文章が出題されるかわからない〈現代文〉においては、このような速読法はほとんど通用しない。（まぁ、目の玉の運動か流し目の練習にはなるでしょうが。）ただし、本文のすべての部分を同じ重みでとらえる必要はないのだから、

内容の軽い・重い

を見分け、重要なところはじっくり読み、そうでないところは軽く読みとばせばいい。つまり内容の重要性を区別して読むことが、正確な速読を生み出すのだ。

Point

論説レベルの相違（AとA´）を知ったうえ、例・補足説明（A´）は（　）に入れて読み流し、抽象的なマトメの部分をしっかり把握せよ。

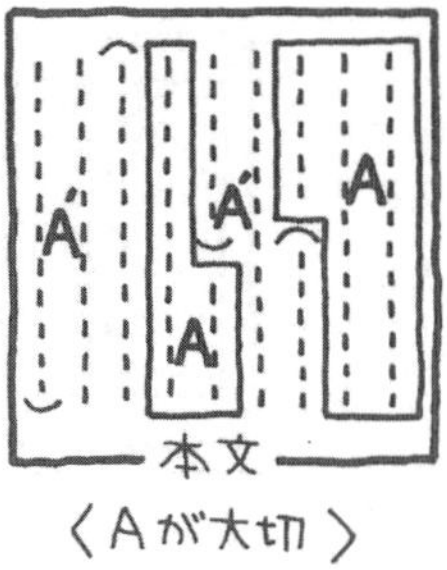

さて、⑥段落の次にくるのは、残った選択肢ハ・ホから、③・⑤段落のどちらかということになる。まず③から見ていくと、第1文に「三、四世紀の朝鮮半島の製鉄業者たちに話をもどします。」とあり、たしかに⑥段落は別

の話をしていたから、⑥の前の②段落に話を戻すんだなということで、うまくつながることになる。⑤の方を検討すると、第1文に「以上でおわかりいただいたように、日本の製鉄は……」という要約表現があるが、⑥には「日本」の話はなかったので、うまくつながらないから、選択肢ホを消す。これで解答は、いちおうハということになる。

③段落の内容を見る。ここでも時空を示す語をチェックしてまとめればよい。「三、四世紀の朝鮮半島の製鉄業者たち」は「朝鮮の山々を裸に」（＝①段落の「自然破壊」）（15行目）したため、「樹木の多い島々」（16行目）である「日本に」（17行目）「五世紀のころ」やってきたという内容だ。

次に選択肢ハにしたがって、**⑤段落**を追イカケル。ただしここでも、ほんとうに③から⑤へとつづくのかどうか、ほんとうに解答はハでいいのかどうかを確認しておくことが必要だ。⑤の第1文は、

「以上でおわかりいただいたように……」という要約表現

を用いて「日本の製鉄はやっと五世紀からはじまったのです。」と③段落を受けていることがわかる。そして次に36行目では、

「その意味で……」という要約表現

を用いて、「鉄は人間に好奇心をおこさせる刺激剤でもありました。」とまとめ、さらには、

「あらゆる意味において……」という要約表現

を用いて、「鉄は社会をカッ性化する刺激剤」「日本においては、鉄器の時代が……五世紀からはじまった」と述べ、最後に「十三、四世紀のころ」は、「鋼《はがね》の生産国だった」と説明して段落を終わっている。

Point

要約表現ではしっかり立チドマリ、
それまでの内容を大づかみにとらえて、
次の内容を追イカケル準備をする。

次に④**段落**を見て、問一の解答の最終確認をしよう。第1文は、

「以上は……」という**要約表現**

を用いて、

「鉄についてのべつつ」
「それとのかかわりにおける好奇心の成立」
「さらには商品生産への出発」

というふうに⑤段落を受けていることがわかる。これで問一はハと決定していいね。

第2文以下も、「十三世紀から十五世紀」の「日本」へと話が進む。また、26行目には「同時に」とあり、この前後に二つの内容が並列して述べられていると考えていい。つまり、「日本における最初の製鉄時代」(22行目)の

「中国に輸出した輸出品目」「国内的には、農業用の土木がさかん」(23行目〜)という**物質面**と
「好奇心」「仏教」「職人たちは……熱中」(26行目〜)という**精神面**

の両面について述べられているのだ。そして最終文で「日本文化の原型は、この十三、四世紀にできあがった」と「結論」づけて本文を終える。

ところで26行目にどうしても知っておいてほしい言葉が二つある。「形而下《けいじか》」と「形而上《けいじじょう》」の二つだが、知らないと答えられない設問もあるので、簡単に次のように整理して頭に入れておこう。

Point

形而下（the physical）…………時空において有形なもの。

↔

形而上（the metaphysical）……現象の奥の無形なもの。

たとえば、祭壇の前でひざまずくという宗教的行為は形而下に属するが、神を信仰するという宗教心は形而上に属すると、まずは単純に理解しておけばいい。

大まかに全体をとらえるうえで、まず押さえておかねばならないのは、①段落の冒頭文だ。判断の論理的根拠や状況の説明には触れず、作者の考えだけが明確に現れている。このような文のことを主題文と呼ぶ。

Point

主題文があるかどうかを考え、もし主題文が存在したら、その内容が及ぶ範囲を知ることで大きく読解できる。

この一文で述べられた主題は、①→②→⑥→③段落まで貫かれている。つまり③段落の終わりまでは、「日本の運命を変えたのは、四世紀ごろから進んでいた朝鮮半島における自然破壊でした」（1行目〜）という筆者の主張、判断を裏づけ、根拠づけていたというわけだ。

これがわかれば、後は楽だろう。⑤段落の内容は、先ほど説明したように④段落の第1文で要約されており、また、これも先ほど述べたように、「十三世紀から十五世紀にかけての」（22行目）日本に関しては、最終文で最終的な判断が下されていた。これで全体像は見えてくるはずだ。

▼テーマを見出す

時間・空間を示す語に注目し、①段落の冒頭文と④段落の最終文をつかまえれば、ぼんやりとでも、テーマはわかるだろう。

〈①（テーマ）十三、四世紀における日本文化の原型の形成〉

▼結論を導き出す

もちろん④段落末尾の「そのように結論することができます」（29行目）から、だいたいのところはつかめたと思うが、ここではあえて訓練のために遠回りしてより応用性の広い方法で考えてみる。つまり、テーマに関する、筆者独自の見解はなんだろうかと。**イイタイコトに〈とび蹴り〉する方法**（18ページを必ず参照）を思い出してほしい。常識との差異性＝モチーフを考えれば、次の内容が大まかに把握できる。

A（イイタイコト）日本文化の原型は、朝鮮人による朝鮮半島での自然破壊に起因して形成された。

↔

B（常識）日本文化の原型は、日本人による日本の自然への建設的な働きかけで形成された。

したがって、時空を示す語をふまえ、

〈②（結論）日本文化の原型は、四世紀ごろから進んでいた朝鮮人による朝鮮半島の自然破壊に起因して、十三、四世紀に形成された〉

▼根拠を探り出す

この反常識的な結論は、どのような根拠によって説明されていただろうか。〈自然破壊〉と〈文化の原型の形成〉という、一見結びつかないものが、どのような因果関係によって結びつけられていたかと考える。もちろんそれは全段落を通じて話題となっている〈製鉄〉によってだ。②段落以下、各段落ごとの内容をかいつまんで話題を追イカケルと、〈②段落　朝鮮半島での自然破壊〉↓〈⑥段落　(例)英国での自然破壊〉↓〈③段落　製鉄業者が五世紀に日本へ移動〉↓〈⑤段落　五世紀に日本で製鉄開始↓十三、四世紀の日本は鋼の生産国〉↓〈④段落　好奇心・商品生産↓日本文化の原型〉となる。これをまとめて、

〈③（根拠）五世紀に朝鮮人が日本へ移動してきて製鉄をもたらした結果、日本人の好奇心や商品生産欲は大いに刺激された〉

となる。①・②・③をまとめて要旨を作る。

時間の経過を追イカケ、何を**文頭**・**文末**にするかをよく考えたうえで、書く必要がある。

雑音《ノイズ》

文化の原型などと言うと、一つの文化が一つの民族や一つの国家の中で個別に形成されたような錯覚に陥りがちだが、たぶんすべての文化は他民族との交流から生まれたのだ。それは一人一人の人間の自我や個性が、他の人間との交流から形成されることにおそらく似ている。他者との交流が失われたり、一方的で一人よがりなものとなったとき、文化も人も腐敗するのだろう。海を渡ってきた製鉄集団が、日本人の好奇心を刺激し、千年後には日本文化の原型が形成されていく。それこそが伝統というものかもしれない。伝統や民族性はこのような外部との大きな交流の中で形成される。何か勇気づけられる話だと僕は思う。

読解力開発問題 解答

〈問一〉 ハ

〈要旨〉 四世紀ごろから朝鮮半島で製鉄による自然破壊が進行し、五世紀に朝鮮人が日本へ移動してきて製鉄をもたらした結果、日本人の好奇心や商品生産欲は刺激され、十三、四世紀には日本文化の原型が形成された。（95字）

（傍線部は重要内容《イイタイコト》）

問一はすでに解答済み。

問二は空欄補充。フィーリングで解いていると、空欄の後の「三世紀、四世紀の朝鮮」あたりから、〈2　歴史家〉（誤答）などとしてしまうので気をつけたい。こんなことのないように、まず空欄前後の指示語「これ」「そのこと」の指示内容を考えて、空欄の内容を同値性から絞りこむ。

これ（朝鮮の山々は乾き、山の土ジョウは風に吹きとばされて、岩の層が露出するといった風景になったこと）

＝

[イ]的想像力でいっていること＝書いた文献が存在しないことがら

の同値性から、「山々は乾き」「山の土ジョウは風に吹きとばされ」「岩の層が露出する」などと想像する人間を考えれば、〈1　小説家〉に決まっている。また、「書いた文献はありません」からも〈2〉でなく、〈1〉であることは明白だね。ともかく、

空欄前後の指示語は絶対チェックです。

問三では（A）・（C）が特に頻出。難しいものはまったくないので、すべて自分で書けるようにしてほしい。難しい漢字ではそれほど差がつかないが、易しい漢字では間違えると確実に差がつく。したがって、10年に一度か二度しか出ない漢字は無視して、易しい漢字を正確に覚え、あとは内容問題の学習に時間をかけるのが得策だと思う。

問四は内容一致を問う設問だが、

設問文の特徴と設問の形式

に注意を払ってほしい。「読後のノートとして」という特徴ある表現と、「正しいものをA、誤ったものをBとせよ」

という形式だ。これは、本文全体を読み終えて、

筆者のイイタイコトから推理できる限りで、大まかに正しいものと誤ったものに**分類**せよ

ということを意味すると考えられる。

このような設問は上智大・学習院大・立教大などにおいて見られるので、これらの大学を受験する人は、特に注意しなければならない。自分の志望大学の設問形式をよく調べておいてほしい。

まず〈1〉は、本文の26・27行目に「日本人の形而下的なあるいは形而上的な好奇心がいよいよさかんになり」とあるが、〈よりはるかに強かった〉という比較はないのでB。〈2〉は、本文41行目からの「日本の山は、いくら木を伐《き》っても禿山《はげやま》にすることのほうが困難です。もし山の木をぜんぶ伐って、植樹しないとしても、三十年でもとの緑の山に回ふくするといわれております。」と一致するのでA。〈3〉は少しやっかいだ。まず本文の36・37行目に「鉄は人間に好奇心をおこさせる刺激剤でもありました」とあるが、〈3〉の〈世界共通である〉という要素はここにはない。だが次の文に「あらゆる意味において、古代における鉄は社会を活性化する刺激剤でありましたが、日本においては、……」とあるので、先ほどの文の内容は、「日本において」だけでなく〈世界共通である〉と推理できる。したがって〈3〉はA。〈4〉と〈5〉とは、たいへん似ているので、セットにして比較検討した方がいい。A・Bや○・×に分類させる設問では、

選択肢を比較して、相対的に正誤を推理していく

ことが必要となる。⑥段落の例の中の「十六世紀の英国において、……の関係を想像してくだされば……理解していただけると思います」（48行目〜）という表現から〈イギリス人たちに……語った講演をもとにしたもの〉と推理できるが、〈在日韓国人たちに〉とは推理しにくい。よって〈4〉はA、〈5〉はB。

〈6〉は、〈鋼鉄生産〉を〈産業革命〉の根拠にしているが、本文ではいっさい触れられていないのでB。

変わった形式の設問だったので、とまどった人もいると思うけど、よく復習してこの手の問題の独自性をしっかりと理解してください。

解答（配点は50点満点とする）

問一 ハ（9点）

問二 1（7点）

問三 A―4　B―1　C―2　D―4　E―1（2点×5＝10点）

問四 1―B　2―A　3―A　4―A　5―B　6―B（4点×6＝24点）

Lecture 4

屏風《びょうぶ》という「具体物」を扱ったという点だけでなく、文章構造から見ても、この**第4問**が今までの問題文と少し異なっていることに、気づいたでしょうか。

第1問から**第3問**は、主に同値・対立の関係を読みとることが読解のポイントになっていました。それに対して**第4問**では、

並列の関係

を把握することが最も重要なポイントになっています。このタイプの文章は、かなりできる人でも読解を誤りやすいタイプなので注意してほしい。では本文を頭から追イカケル。

1**段落**は、まず第1文の冒頭の語句に注目しなければならない。「一般的に」ということは、これから書くことは、

常識・前置きなんだけど、……

という挨拶みたいなものだ。もちろんこれが、筆者の主張にならないことは、前に説明した通り（20ページ）。そして、挨拶のあとにイイタイコトを言う。つまり、建前《たてまえ》を述べておいてから本音をチラリ……というやつだね。

Point

本文の冒頭部を読むときには、そこが、
テーマの提示か、それとも、
テーマに関する常識・前置きかを見抜け。

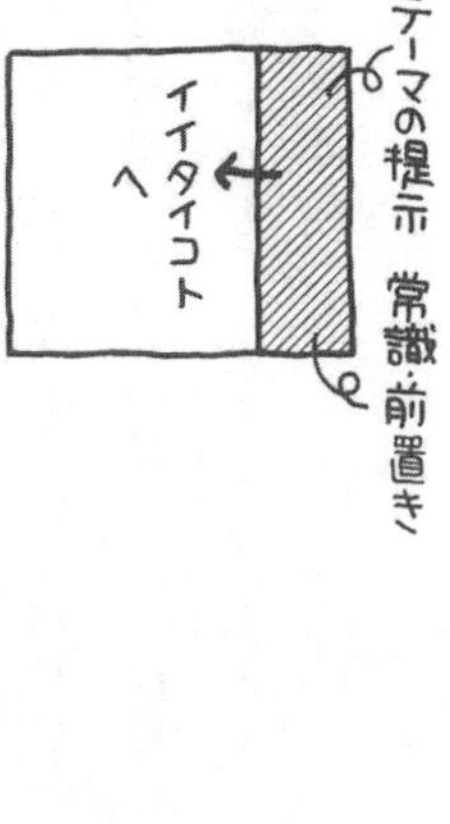

どこまでが常識・前置きにすぎず、どこからがイイタイコトにつながるのかと、緊張しながら読んでいかねばならない。「一般的に……認識されてきた」という常識そのものは重要ではないが、イイタイコトに〈とび蹴り〉（18ページ）できるように、第1文における常識はしっかり把握しておくべきだ。第2・3文は例示にすぎないから、（　）に入れて読みとばす。もちろん立チドマルべきは、4行目の「しかし」であり、この接続語は、本文冒頭の「一般的に」と呼応している。

Point

特に、本文の一・二段落において、
最初の逆接語が、常識・前置きから、
筆者の主張への転換を示すことが多い。

「一般的にAしかしB」という呼応表現を頭に入れておこう。類似のものに「常識的に考えるとAところがB」「なるほどAだがB」「たしかにAしかしB」「Aは当然だ。しかしながらB」「Aと言う人が多い。けれどもB」「Aかもしれない。でもB」「Aしてたのに、Bだなんて！」など、たくさんあるが、いずれも、Bの方に主張が存在し

ている点は同じだ。英語にも、It is true that A, but B. なんてのがあって、常に but のあとに主張がきていたね。

「しかし」のあとを読んでいくと、6・7行目に「屏風の名称を文字どおり読むと、その本質をつかまえることは難しい」とあり、第1文の常識に疑問を投げかけている。次を追イカケルと「風を防ぐというのは、壁の一種の提喩《ていゆ》（＝一部を提示して全体を表現する比喩）であるからだ」とあり、さらに「屏風は……多機能的に用いられるのが特色であるが、それはみな壁の機能に還元される」（10行目〜）とつづくので、「屏風は……風を防ぐ調度」という認識は間違いというよりも、屏風の持つ機能の一部しかとらえていなかったことになる。もちろんその結果「本質をつかまえることは難しい」というわけだ。たしかに1段落の最終文には、「〈防ぐ〉〈もたれる〉〈遮《さえぎ》る〉〈囲う〉〈仕切る〉〈飾る〉」と数え上げられており、〈防ぐ〉がその一つとして入っている。

2段落も、まず冒頭に注目してほしい。

「すなわち」という**要約**の接続語で始まっている。当然1段落の終わりを言い換えているわけであり、「屏風とは壁の記号なのだ」と定義づける表現が見られる。「記号」という言葉があるが、ここでは簡単に〈意味作用を有するもの〉くらいに考えておけばいい。つまり「屏風」は「壁」の持つ意味を有する。しかし当然のことながら、屏風＝壁であるはずはなく、続く第2文以降において「屏風」と「壁」との差異が述べられていく。第3文で、どのようにして「屏風の機能と特色」（14行目）が得られたかを説明し、以下18・19行目の「それを実現したのが、他ならないあの屏風であったのだ」まで、屏風の壁からの差異化の説明がされている。2段落の最終文は、第2文の内容をほぼくり返し、「屏風」が機能の面で風呂敷のような自在性を発揮しながら僕らの身辺に存在していることを比喩的に「人間を包む」と表現している。

3段落も冒頭に注意しなければならない。

「まず」という並列を示す語

で始まっている。この講義の最初で言ったように、この本文で大切なのは並列の関係の把握である。この言葉で立チドマルことが最重要ポイントとなる。並列内容の読解で特に気をつけるべきことの一つは、どこまでが並列の一つ目で、どこからが二つ目かを見分けるということだが、3段落の中には、一つの内容しか存在しない。段落内の同値を取り出すと、

「屏風は壁の後面性を高める作用をする」（21行目）

＝

「屏風は『もたれる』壁の機能を高めさせる」（22行目〜）

であり、結局この3段落の内容が並列の一つ目ということになるが、これは1段落の最終文「〈防ぐ〉〈もたれる〉〈遮《さえぎ》る〉〈囲う〉〈仕切る〉〈飾る〉――壁にかかわる触媒語は、そのまま屏風にも使うことができる」で述べられていた「屏風」の機能の一つだ。したがって、並列項には常に共通性があることから、次の4段落にくる並列の二つ目においても、「屏風」の機能についての論が展開されると推理できる。

Point

並列して論じられる内容を、正しく理解するために、必ず、並列項の共通性をとらえねばならない。

そこで、共通性（屏風の機能）をとらえるという視点で、4**段落**を追イカケルと、26行目からの文「屏風を置くだけで……他人との境界を形成することができたのだ」に注目することができる。先ほど推理したように、確かにこれは「屏風」の機能を説明しており、1段落の最終文の表現によれば、その中味は〈遮る〉という機能だ。

次に5**段落**を追イカケル。「屏風の前に立つと……その人は集団ではない個人になる」（32行目）が、しかしそれは「壁で仕切られた密室」（32行目～）とは異なる。つまり屏風特有の機能として「屏風は『一緒にいる独り』のパラドックスの空間を与えている」と説明されているのである。ところで「パラドックス」（逆説）という言葉は文脈をとらえるうえでの重要語句であるばかりでなく、現代の文化・社会状況を考えるときのキー・ワードの一つでもあるので、簡単に次のように理解しておいてほしい。

Point

パラドックス・逆説とは、
一見矛盾しているように思えるが、実は、
正しいと述べている考え。

「一緒」と「独り」という一見矛盾したものがひとつになり、より深い真実を述べる論理を形成しているのだ。もちろんここで取り上げられた「屏風」の機能は、1段落の最終文の表現によれば、〈囲う〉となる。

6**段落**の内容は第3文から明らかだ。「くどくどしく述べなくても、……である」と

きわめて強い**断定**表現

を用いており、「屏風は間仕切り壁と同じ機能」と説明しており、もちろんこれは1段落の最終文の表現によれば、

〈仕切る〉機能となる。結局[6]段落は、全体を通して、この機能について述べているのだが、ここでは最終文の「両義性」という言葉に少し注目したい。

両義性とは何か？

対立すると考えられる性質・価値が同時に存在している

という意味であるが、この言葉は様々な文化論に登場するので、ぜひ頭に入れておいてほしい。従来、文化といえば、光・精神・魂・聖なるもの・賢者の領域に属するものとして論じられてきたが、そうではなくて、光と闇、精神と物質、魂と肉体、聖と俗、賢者と愚者といった対立概念の重なり・絡みとして論じないかぎり、文化という複雑なものの全体像をとらえることは不可能だ、という認識がその背景にある。評論によく出てくるので要注意！

[7]段落（最終段落）を見ると、第2文に「屏風は……時間まで仕切ることができる」とあるが、〈時間を仕切る〉っていうのがいま一つわかりにくい。そこで、第3文以下を追イカケルと、具体例が現れる。

「子供は」（50行目）から「迎えることができる」（54行目）までを例として（　）に入れて読み、それから最終文を見ると、前述の具体例の中で屏風が果たしているのは「固定した硬い壁では演出できない時間の壁」の役割だということがわかる。すなわち第1文の〈時間を仕切る〉には、〈時間を演出する〉意味があるというわけで、もちろんこの「演出」という屏風の機能は、[1]段落の最終文の表現によれば、〈飾る〉ということになる。したがって[3]段落から、この最終段落までが並列だったことが確認できるね。[1]段落の前半に〈防ぐ〉があり、あとは[3]に〈もたれる〉、[4]に〈遮る〉、[5]に〈囲う〉、[6]に〈仕切る〉、[7]に〈飾る〉、と、段落ごとに屏風の機能の説明が一つずつ存在しているわけだ。

Point

筆者が本文中につくった形式段落という器《うつわ》の中には、一つずつ別の内容が盛り込まれている。

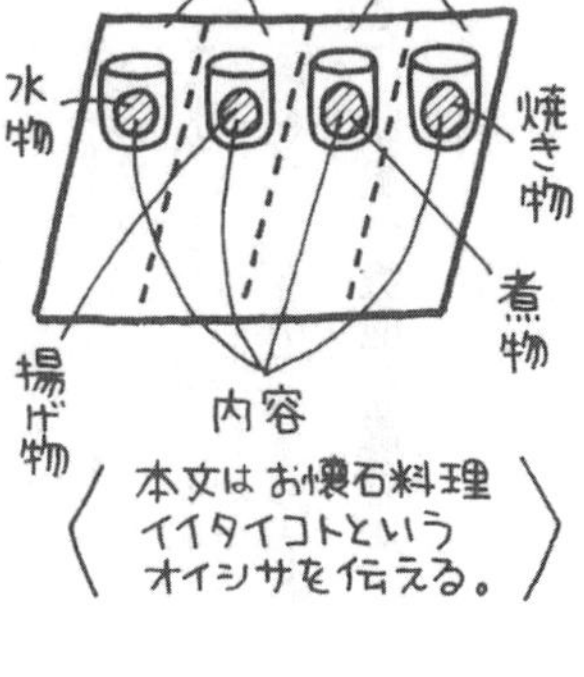

以上の解説で、本文の構造も明らかになったので、意味段落に分けておこう。

第Ⅰ段落が、

1（屏風に関する一般的認識〈風を防ぐ調度〉↕屏風に関する筆者の認識〈多機能的〉）

第Ⅱ段落が、

2（屏風の機能と特色はどのようにして得られたか）

第Ⅲ段落が、

3～7（屏風の機能に関する具体論・個別論）

となる。

▼テーマを見出す

意味段落に分けたとき、すでに傍点で示した通りだ。Ⅰ・Ⅱ・Ⅲに共通の要素は

〈①（テーマ）屏風の機能〉

▼結論を導き出す

全体の結論が本文のどこにあるかを知るのは、比較的たやすい。[1]段落の前半は常識にすぎなかったし、[3]〜[7]段落は〈屏風の機能〉についての具体論・個別論だったから、[1]段落の後半（4行目の「しかし」以降）か[2]段落にあることは明白だろう。[1]段落での常識論をふまえて述べられている内容、[3]〜[7]段落を通して証明されている内容を考えれば、結論は導き出せる。10行目を見よう。

〈②（結論）屏風は実用的、儀礼的、装飾的の各レベルで多機能的に用いられる〉

▼根拠を探り出す

すでに説明したように、「屏風の機能と特色」（14行目）がどのようにして得られたかについては、[2]段落にあった。第3文の

「屏風の機能と特色は」から「あの屏風であったのだ」（18行目〜）まで

を要約すればいい。

〈③（根拠）屏風は不変不動の壁を建物から独立させ、軽く薄くして人間が自由にコントロールできるようにしたものである〉

雑音《ノイズ》 東西文化比較論、日本文化論、日本人論などというのが、きわめて盛んであるが、こういった論で常に気をつけねばならないことは、どこまでが日本的で、どこまでが東アジア的で、どこまでが東洋的であるか、といったようなことだ。日本と他のアジア諸国との比較ぬきに、たとえあるにしても、真に日本的なものを抽出することは不可能であろう。本文は、西洋合理主義を脱け出すポスト・モダンとして、東アジアに共通する「屏風文化」を取り上げている点で注目を引く。日本人による欧米と比較しただけの日本文化論では欠けていた視点の一つだ。もっともっと日本以外の無数のアジアの目を意識することが、これからの日本文化論さらには日本文化を豊かなものとするだろう。

読解力開発問題　解答

〈段落〉 第Ⅰ段落　12行目まで　第Ⅱ段落　13～20行目　第Ⅲ段落　21行目から

〈要旨〉 屏風は、不変不動の壁を建物から独立させ、軽く薄くすることで、人間が自由にコントロールできるようにしたものであるから、実用的、儀礼的、装飾的の各レベルで多機能的に用いることができる。（90字）

（傍線部は重要内容《イイタイコト》）

問一は1段落の解説で答えが出ていた（70ページ）ので、設問を解く際の注意だけを書こう。まず傍線部内に指示語があるのをチェックする。

指示語の内容をとらえることがキキタイコトの前提になっていることが多いから、「その」が「屏風」を指すことを確認しておく。また傍線部は、**帰結**にあたる部分なので、**条件**にあたる内容と結びつけて考えることが必要となる。もちろん条件部は「屏風の名称を文字どおり読むと」であり、言い換えれば、〈屏風は風を防ぐものと考えると〉となる。なお選択肢〈5〉は、〈本質〉か〈機能〉かということを問題にしている点がおかしい。本文における屏風の〈本質〉は、多機能性にあった。ところがそれにもかかわらず、屏風という名前が機能の一つしか表していないからこそ、本質がとらえられないと言っているのだ。

問二は、まず傍線部の直前に接続語があるのをチェックする。

接続語の役割をとらえることがキキタイコトの前提になっていることが多いから、「すなわち」が要約している内容をしっかりと把握することが重要だ。1段落の終わりにある、

「それ（屏風の特色）はみな壁の機能に還元されるもの」（11行目）

＝（裏返して言えば）

〈屏風の特色は壁の機能を発展させたもの〉

から、「壁の記号」とは、ここでは〈壁の機能を発展させたもの〉という内容だとわかる。また、〈機能を発展させた〉という特色は、「壁を建物から切り離したところにある」と述べられているから、2の〈壁の機能を高め、機動性と融通性を与えたもの。〉が正解となる。1には〈壁の意味をもつ〉という「記号」の要素がないからダメ。3はヒッカケの選択肢。フィーリングで解いた人は、「不変不動の概念」（15行目）「独立した自由を与えた」（15行目）など、

本文中の印象的な表現を含んでいるので選んだかもしれないが、

　本文中の表現を含んでいるから、正解になるわけではない

というのは、考えてみれば当然のことであるはずだ。いや、むしろ、

　本文中の表現を利用して、ヒッカケの選択肢が作られる

と考えるべきなんだ。あくまでも、

キキタイコトは本文の論理の把握だ。

3は〈概念に……自由を与えた〉からダメ、4は〈全面的に〉からダメ、5は〈抽象性を増大〉から傍線と一致しないと判断できる。

問三は空欄補充。まず、[3]段落全体が屏風の〈もたれる〉機能について書かれていることを押さえ、次に[c]を含む部分とその直前部との対立関係から解く。

　壁を前に置くと防御するものになり排他的になる

↔

　それ（壁）を後ろにすると何かを[c]姿勢になる

より、「防御」「排他的」との対立的内容を考え、また人が屏風に〈もたれる〉という機能を屏風の側から言い変えた〈2　迎える〉を選ぶ。

問四は、まず、[5]段落全体が、屏風の〈囲う〉機能に関する内容であることをチェックしておく。選択肢の1は

7段落の〈飾る〉について、2は6段落の〈仕切る〉について、5は4段落の〈遮る〉について述べていることから消去できる。段落ごとに内容をとらえることが重要だったね。

次に、33行目の「屏風は『一緒にいる独り』のパラドックスの空間を与えている」の意味を考えれば、3の〈個人を集団から孤立させずに〉はいいが、4の〈一緒にいる人々の……独りを選び出す〉は間違い。くり返すことになるが、本文中の語句（「一緒に」「独り」）があるから正解になるわけではない。また、傍線部直後の文の「個人として集団に対立し」は、「西洋の人」の説明だから読み違えないように。（はっきり言って、読点「、」の打ち方が悪い！「屏風の前の人間は」の直後にこそ「、」が欲しいところ）

問五は、傍線直後の具体例の部分から、〈人の生涯の節目〉にかかわることが読みとれるし、また最終文にある、

「固定した硬い壁では演出できない」

＝（裏返して言えば）

〈固定されない折り畳める屏風なら演出できる〉

から、解答は5と決まる。

問六は記述。傍線部を含む6段落には、解答は存在しない。3～7段落にないことも、文章全体の構造がわかっていれば、すぐに推理できよう。もちろん解答は2段落にあった。2段落の解説を思い出してほしい。結局解答は、要旨の〈根拠〉を設問の条件に合わせて書き直せばいいでしょう。

解答（配点は50点満点とする）

問一 1（8点）

問二 2（8点）

問三 2（6点）

問四 3（8点）

問五 5（8点）

問六 屏風の機動性と融通性は、不変不動の壁を建物から独立させ、軽く薄くして自由にコントロールできるようにすることで得られた。（59字）（12点。「建物から独立させ」の内容が4点。「軽く薄くして」の内容が4点。「自由にコントロール」の内容が4点）

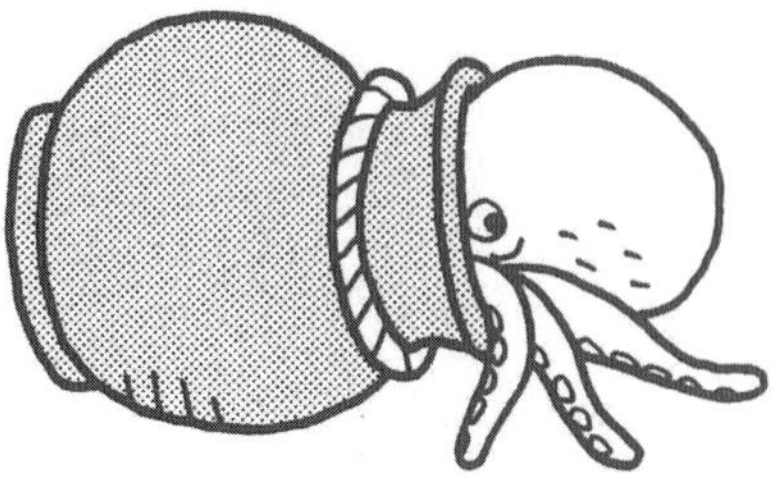

Lecture 5

今回は言語論を扱います。頻度も高く、みなさんが苦手とする話題のようです。

1段落には、たくさんの具体例がでてくるので、（　）に入れながら読み進む。まず第1文の「遠い・近い、というような」「たとえば……のような」は（　）に入れる。続く第2文の冒頭には「ところで」という**話題転換**を示す接続語があって、第1文から第2文への話題の変化を読みとることができるが、ここでは、前置きから本題への変化ととらえるべきだ。

Point

本文の冒頭部での話題の転換は、前置きから本題への変化と、判断すべき場合が多い。

第2文には「一対をなすだけではなくもっと微妙に接近し合って」とあって、ここから本題へ入るということが示されており、その内容は「対《たい》義的なふたつの項が」「対立したまま統合する」ということだ。第3文は、第2文を「……ばあいである。」と説明しなおしている。「遠くて近い……ような」の部分は（　）に入れて読み、「対義関係が」「連結され」「一見矛盾したかたちの一項目になる」を前文の詳しい説明として押さえる。第4、5文は例として（　）に入れていい。

2**段落**に入ると、1段落の解説で指摘した内容を「そのような、…〈対義結合〉型の表現」と要約し、さらに「論理学の……同一律と矛盾律に真正面から衝突する」と新たな内容へ話は進んでいる。

3**段落**は、2段落に出てきた「同一律」と「矛盾律」の意味の説明。

4**段落**の冒頭の「いずれも」は前の段落の二つの原理を受けているが、「となす」と「かぼちゃ」という例をあげて実際に言ってみることが、「ばかばかしい」（14行目）「ばかげて感じられる」（15行目～）と述べ、それは「日常的認識の原理だからである」としている。そして、この段落の最終部では「同時にその両方であること」つまり〈となすであると同時に馬車であり、たぬきであると同時に茶釜であること〉は「なさそうである」と、論理においては「〈対義結合〉」（8行目～）が成立しないことを説明している。こうして2段落で述べていた「表現」と「論理」との「衝突」（9行目）を確認したわけだ。

5**段落**では、第1文で「論理はいかにも、はじめは私たちの日常的認識の原理であった」と述べ、さらに第2文で「ふだんの（日常的）認識を造形する手だて」である「言語表現」の中の「首尾一貫した原理」を「取り出して」みたものが論理だと説明している。したがって第3文の内容は、「論理」は「言語表現」を「純粋なかたちで反映するメカニズム」であるということになる。これで［(3)］は「論理」、［(4)］は「言語表現」＝「［(4)］の働き」から「言語」と答えが出てしまう。

6**段落**では、冒頭に接続語があるので注意が必要。前の段落との関係をしっかりと把握しながら読んでみよう。「純粋なかたちで取り出された［(5)］」は前の段落の「その（言語表現の）首尾一貫性を取り出してみることを思いついた。(3)（＝論理）は(4)（＝言語）の働きを純粋なかたちで反映するメカニズムとして発見された」を受けていることから、(5)は(3)と同じ語「論理」が入り、また「そのチュウシュツ母体」とは〈言語の働き〉を指していることがわかる。前の段落では、「論理」と「言語」が「はじめは」（19行目）「元来」（22行目）似ていたことを述べていたのに対して、この段落の第1文では「あまり似ていない」と述べているのだ。第2文以降も「論理と言語」の相違を述べ、両者の「最大の相違点」（27行目）の説明へと移る。「最大の」という最上級の表現は注意すべきだ。

Point

最上級を使っての表現や
他のものとの比較による表現は、
筆者の注目している話題であることを示す。

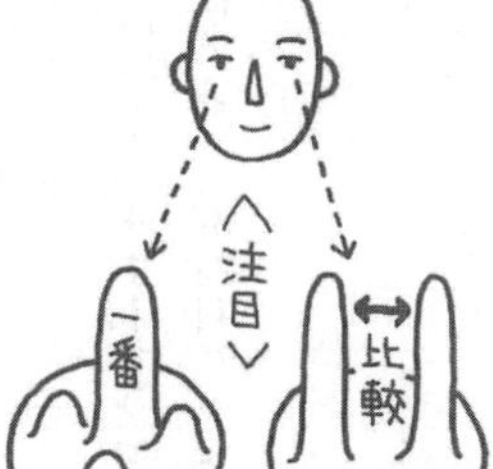

第4文は「逆に言えば」（28行目）とあるように、逆の方から説明し直しているので、以下のように、第3文とワン・セットでとらえるべきだ。

(7)が人間的な立場や視点を越えてしまった
↔ ――〈論理と言語の最大の相違点〉
(8)は発言者の視点や関心から離れることができない

という対立関係がわかればいい。もちろん (7) ・ (8) に入る語は、一方が「論理」で、他方は「言語」となるが、これはヒントとしてメモすべきことであり、ここですぐに答えを決めるのは危険だ。空欄(3)(4)(5)に関してはすでに解答を出したが、これは解説の過程で自然に答えが出てきたのであって、

空欄の答えをその場で無理に出そうとしてはいけない。あくまでも本文全体の読解が最優先だ。

6段落の最終文は、7段落で「否定表現の問題」（30行目）という論理と言語の「最大の相違点」を示す具体例がとりあげられるのを予告している。

7段落では、まず、「論理においては……」（31行目）と始め、次に「言語では……」（32行目）とそれぞれを「否定表現」（30行目）という例の中で説明する。次に「相違はおもに、判断の経過にある」（34行目）とまとめ、

論理…「はなから『可能である』と割り切っていること」（35行目）

↕

言語…「やっと『不可能ではない！』と思い切ること」（36行目〜）

という対立表現によって、「判断の経過」を含まない論理と「判断の経過」を含む言語との「ちがい」（37行目）を明らかにしている。

8段落（最終段落）は本文全体をまとめている段落だ。5〜7段落の内容が実は、1〜4段落の判断の根拠となっていたことを説明している。まず「論理の世界で……同一律がすっきりと成立するのは」、「（判断の）経過をゼロと見る、無時間的な、（人間的な）視点抜きの遠近法のない世界を仮定」（38行目〜）＝「意味を決定的に固形化しえたという仮定」（41行目）＝「記号の意味が固形化しうるという仮定」（42行目〜）をするからだというわけだ。「仮定」という言葉のくり返しに注意してほしい。

Point

文中でくり返される表現を
チェックしながら同値関係を追イカケて、
そこでの話題の中心をつかむ。

論理の後は当然、言語の説明がくる。論理において存在した「仮定」は、言語においては存在していない。最終文を論理の説明と同じ形で対比的にまとめ直すと、「言語」の世界で「同一律がケッペキなかたちで実現しないのと同様に、矛盾律も当然、固形化されたかたちでは成立しない」のは、「いつも揺れ動いて止まることのない《意味》、それを捨てきれない」つまり〈意味が固形化しえない〉という現実の上に立つからだとなる。

この文章は、一組の対立する言葉をしっかりと押さえていれば、全体がとらえやすい。もちろん「論理」と「言語」である。

Point

文章全体にかかわる
対立概念を押さえることで、
テーマをつかむことができる。

1～4段落は、言語の世界の「〈対義結合〉型の表現」（8行目～）が、論理の世界の「同一律と矛盾律に真正面から衝突する」ことについて述べており、「とうなす」「かぼちゃ」「馬車」「たぬき」「茶釜」などの具体例を挙げて証明していた。

5～8段落は、言語と論理の「最大の相違点」（27行目）が「人間的な立場や視点」（27行目）の有無つまり「意味が固形化しうるという仮定」の有無にあるとして、1～4段落の言語と論理における衝突を根拠づけていた。

▼テーマを見出す

本文の前半（1～4）と後半（5～8）に共通して登場する話題をとらえればいい。

〈①（テーマ）言語と論理の不一致〉

▼結論を導き出す

最終段落（8段落）で、2段落にあった〈同一律と矛盾律〉の成立に関する論理と言語の不一致が、再び話題になっていた。したがって、

〈②（結論）論理の世界では成立する同一律と矛盾律が、言語の世界では必ずしも成立しない〉

1・2段落の「〈対義結合〉型の表現」（8行目～）に関する内容は、この結論の中に含まれるので、あえてここで取り上げる必要はない。

▼根拠を探り出す

言語と論理の不一致は、論理というものの成立過程から来ていることが、5・6段落で説明されており、27行目には「最大の相違点」という注目すべき言葉もあった。この両者の「最大の相違点」については、7・8段落で具体的に論じられていた。その内容を要約すればいい。まとめる上での注意として、

否定や比喩によらず、なるべく**直接的**な表現をし、

なるべく**対比的**に説明するように心がける。

〈③（根拠）論理が判断の経過ぬきに意味を固定するのに対して、言語は発言者の視点や関心に沿って揺れ動く意味に即する〉

雑音《ノイズ》

言語つまりコトバについて考えるというのは、誰にとってもちょっと目まいがしそうな行為じゃないだろうか。たぶんそれは、考えること自体がコトバを使用しておこなう行為だからだ。どんなコト・モノ・状況を、どんなコトバを選んで表現するかによって、そのコトバの意味は決まる。たとえば「愛」というコトバを使うとき、僕らの世界、僕らの人生における「愛」の意味が決定する。どんな現実をどんな言葉でとらえるかによって、ひとりひとりの世界や人生の意味は異なるのだ。だから、たぶん、僕らのコトバの限界こそ僕らの世界の限界ということになろう。したがって、コトバについて考えることは、実は自分自身について考えることでもあるのだ。

読解力開発問題 解答

〈段落〉 第Ⅰ段落　18行目まで　第Ⅱ段落　19行目から

〈要旨〉 論理が判断の経過ぬきに意味を固定するのに対して、言語は発言者の視点や関心に沿って揺れ動く意味に即するため、論理の世界で成立する同一律と矛盾律が、言語の世界では必ずしも成立しない。（89字）

♣

問一は基本的な漢字の書き取り。このレベルのものは確実に得点できるようにしてほしい。

問二は具体例を問う設問。このような場合には、具体例そのものを考えるのでなく、むしろ、

何を証明するための**具体例**だったのか

を考えるのが原則だ。直前の文で「一見矛盾したかたちの一項目になるばあいである」と述べられているので、このことが証明される例を考える。また「(1)」のあとにも「元来矛盾しているはずの概念どうしが結びついている」「慇懃《いんぎん》は無礼の反対である」（7行目）とあり、これもヒントになる。したがって〈ただ〉と〈高い〉という反対語を含み、〈ただは高い〉という「一見矛盾した」内容をもつ「一項目」であるCが答えとなる。

「(1)」と並列されているのは、「慇懃無礼」という四字熟語だが、うっかりこれにつられてA・Bなどと答えないように。これらはタコツボ。

Aは〈油断ハ大敵ダ〉という主述関係、Bは〈異口ノ同音〉という修飾・被修飾関係で成立しており、「一見矛

盾したかたちの一項目」にはなっていない。Dは単なる並列関係しか持たず、これも答えにならない。

問三は空欄補充。(3)(4)は5段落の解説で、(5)は6段落の解説で、すでに答えが出ていた。(7)(8)に関しても、6段落の解説で、一方が「論理」であり他方が「言語」であることは解《わか》っていた。さらに8段落と見クラベレば(7)の答えを決めることができる。

(7) が人間的な立場や視点を越えてしまった
＝
論理 の世界で……視点抜きの……世界を仮定する（38行目〜）

という同値関係から、(7)は〈B　論理〉。残った(8)は〈D　言語〉となる。この設問では、結局のところ、選択肢はBとDのみを用いたわけだが、こんなふうに空欄の数と選択肢の数が一致しない場合には、すべての選択肢を使う必要はないと考えていい。ましてやこの場合は、選択肢が空欄より少ないから当然のことであるにもかかわらず、わざわざ設問文で「必要ならば同じ符号をくりかえし用いてもよい」と強調している以上、積極的に同じ符号を用いればいい。

設問文には、無駄な注意書きはない

と考えることがヒントの発見につながると理解しておこう。

問四の「　」を含む文は、段落冒頭の二つの文に、述べられている「論理」の法則が「言語」においても成立するかどうかを問いかけている。したがって、(9)には「非・非X」（32行目）という二重否定表現、(10)には「X」（32

行目）という「元」（31行目）の形を入れればよい。よって⑼は〈C　不可能ではない〉、⑽は〈A　可能である〉となる。

問五はやや難しい。「遠近法のない」という表現をにらんでも、あるいはその直前の部分を読んでも、すぐに答えが見つからない。27行目に「人間的な立場や視点を越えてしまった」とあるが、これは傍線直前の「視点抜きの」と同趣旨であって答えにはならない。

そこでいきなり[6]段落の中に答えを捜すのではなく、傍線部の意味を考える。考えると言っても、もちろん頭の中で「遠近法」の中味を自分の知識に基づいて解釈するというようなことではない。そうではなく、まず傍線部の比喩的・抽象的な表現にこめられた具体的な内容が本文のどこにあったかを考えなければならない。[7]段落に例をあげての具体的な説明があった。

Point

抽象的で難解な表現を読解するときは、例などをあげて具体的に説明している部分を重ねて読む。

35行目に論理の説明として「はなから……割り切っている」とあった。〈はな（初め）から割り切られている〉ことは、〈首尾一貫性〉があることだ。つまり傍線部の「遠近法のない」とは、初めと終わりに差のないこと即ち〈首尾一貫性〉のあることを比喩的に表現していたのだとわかる。

ところが、この「首尾一貫性」（21行目）は[5]段落にあるため、解答とするわけにいかない。しかし[6]段落の第

1文で、「首尾一貫性を取り出してみる」（21行目）を受けて「純粋なかたちで取り出された」と述べているから、この部分が答えとなる。最後に傍線内の「世界」につづけてみて不自然でないことを確認して、「取り出された」までを解答とすることに決定する。

問六は、選択肢が次のように分類できることに、まず気づいてほしい。A・Cが一文として成立しにくいのに対して、B・Dは一文として成立している。また選択肢の字数の極端な長さの差からも、同様にA・CとB・Dという同じ分類ができるだろう。ところが、⑿は「論理」の説明をしている部分であり、⒀は「言語」の説明をしている部分であることを考慮し、「論理」「言語」という二つの視点で選択肢を眺めると、Aだけが「言語」側で、B・Cが「論理」側で、Dがそれ以外となる。したがって、まず「言語」を説明している部分の⒀がAと決まり、その結果⑿は、一文として成立しにくくて短い選択肢のAとは異なる組、つまり一文として成立している選択肢が長い方の組B・Dの側および「論理」側B・Cの中に答えがあると推理できるので、解答はBとなる。

もちろん今のは、分類によるゲーム的推理で、使って損はないが、これで答えが出たとするのは危険だ。文脈の中で解答を確かめる必要がある。⑿の直後に「仮定によって、《意味論的な悩み》を棚上げにする」とあり、さらにその後に「いつも揺れ動いて止まることのない《意味》」とつづく。つまり、意味とは揺れ動いているのが本来であり、意味論的な悩みとはそれが事実の問題であるにもかかわらず、論理は仮定によってその事実を棚上げにする＝無視するというわけだ。よって解答はBで決まり。

⒀に関しては、そのあとに、論理的原則の一つである「同一律がケッペキなかたちで実現しないのと同様に、」論理的原則の一つである「矛盾律も当然、固形化されたかたちでは成立しない」とあるから、〈ケッペキ↔不純〉などの対立もとらえて、解答はAで決まり。

問七は[8]段落の末尾にくる一文をきいているのだが、この段落は〈論理↕言語〉の対立関係に基づき、前半は〈論理〉について述べ、43行目の「いつも……」から以下は〈言語〉について述べていた。したがって空欄には〈言語〉の説明が入る。解答の手がかりは三つある。一つ目は43・44行目に〈言語〉は「いつも揺れ動いて止まることのない《意味》、それを捨てきれない」とあること、二つ目は42・43行目に「論理は、記号の意味が固形化しうるという……仮定によって、《意味論的な悩み》を棚上げにする」とあること、三つ目は空欄直前に「固形化されたかたちでは成立しない」とあること。

一つ目との同値関係、特に〈揺れ動いて止まることのない意味＝意味の弾力性〉に注目し、二つ目との対立関係、特に〈意味論的な悩みを棚上げにする↕意味の弾力性が働く〉に注目し、三つ目との因果関係、特に〈弾力性が働く↓固形化されたかたちでは成立しない〉に注目すればいい。こうして解答はD。

なるべく多くの**同値・対立・因果関係**をとらえることが正確な解答を得るポイントとなるわけです。

Aは「欠陥」という㊀（マイナス）の判断が間違っており、Bは「理性」、Cは「純粋化」が、ともに「論理」側の説明となっているので間違い。

解答（配点は50点満点とする）

問一 (2)―唯一　(6)―抽出　(14)―潔癖　（2点×3＝6点）

問二 C　（6点）

問三 (3)―B　(4)―D　(5)―B　(7)―B　(8)―D　（2点×5＝10点）

問四 (9)―C　(10)―A　（3点×2＝6点）

問五 純粋なかたちで取り出された　（8点。「純粋なかたち」のみは4点）

問六 (12)―B　(13)―A　（4点×2＝8点）

問七 D　（6点）

Lecture 6

今回は、日本文化を扱った空間論が出典です。

共通テストの元となったセンター試験の評論問題ですが、まず、その独特の傾向と対策を列挙しておきましょう。

①設問自体は難しくないが、それにくらべると本文が難しい。

（→文章の難しいところに余りこだわらず、段落の全体像がつかめればいい。）

②傍線・空欄の設問は、それを含む段落の中で解けるものが多い。

（→本文を読みながら、段落ごとに立ち止まって内容をとらえておく。）

③指示語・接続語・助詞・助動詞・くり返し・呼応など、表現上の特徴が答えの根拠になりやすい。

（→解答のヒントになりそうな目立った表現にマークをつけておく。）

これらのことを頭に入れて、以下の解説を読んでほしい。

1 **段落**では、

「たとえば」という**例示**の語を押さえる

ことが必要だ。「たとえば」（2行目）から「同じものなのである」（7行目）までを例として、（　）に入れて読めば、内容がとらえやすい。つまり、この段落で重要なのは最初の文と最後の文というわけだ。この2文をひとマトメにして読解すればいい。

特に、最後の文の
「とすれば」という結論を導く表現
に注目して、1段落を要約すると、〈ある種の空間にたいする認識（＝「空間概念」）が、像を重ねて見たり境界を不確定にしたりする文化の底流にある〉となる。ここで〈ある種の〉という思わせぶりな表現に注意しておくべきだ。2段落以降で具体的な説明がでてくるにちがいないよね。

Point

文章は必ず、まず話題を
謎として示したあとで、
その謎をとく方向へと進んでいく。

文章とは結局人間の思考そのものであり、人間は謎を追イカケル動物だと言える。謎めいた物や人や事件に心魅かれ、頭を悩まし思考をめぐらすのがぼくたち人間なのです。

また「空間概念」（9行目）という語には、会話や引用でもないのに、「　」の符号が付けられているので、その意味もよく考えてほしい。

Point

言葉の意味だけでなく、
筆者が括弧《かっこ》・傍点などの符号にこめた意味を
読みとらねばならない。

ここでの「　」は、いわゆるとか一般的な表現においてくらいの意味に考えて強調の役割を果たしていると見ておけばいい。

Point

「　」の基本的な意味・役割
は
①会話　②引用　③強調・要約
④心情の直接的表現
⑤意味の拡大・比喩化
⑥意味の限定・特殊化

[2]**段落**の冒頭に注意しよう。ここにも符号がある。筆者は、〈　〉内の語をひとつの**概念**として**要約**しているわけだが、この内容は[1]段落の最初の文（「境界を不確定にする」）で述べられていた。つまり、ここでは、[1]段落

のうちのひとつの要素を取り出して概念化したということだ。

また、この段落においても、段落の初めと終わりが重要な部分となっている。

Point

長い段落をすばやくまとめるコツは、
段落の最初と最後にポイントを置いて読み、
両者を結びつけてとらえることだ。

なぜか。

ひとつの段落はひとつの内容を持っている（74ページPoint参照）わけだが、特に長い段落の場合、その最初の部分で話題を提示し、その最後の部分で結論を下しているというケースが多いからである。

まず第1・2・3文は、

「言葉をかえれば」「つまり」という同値関係を示す表現を見て、ひとマトメの内容と考えればいい。つまり「〈境界がさだかでない〉」ことが「日本の建築空間の特性」（10行目〜）であるとくり返し述べているのだ。

次に、「ふすまや障子」（13行目）から「領域がある」（16行目）までは、

具体例だから（　）に入れて読みながす。

そのあと、「まったく」（16行目）から「適していない」（22行目〜）までは、「日本の住居」が「領域分析がやっかい」だとくり返し、さらに「アフリカの複合住居」と

対比して明確に説明する

なかで、「仕切り方からくる分析は……適していない」と述べている。そして最終文では、その根拠を説明する。「容器としての性格」に〈　〉が付いているが、これも先ほどの〈　〉と同じ役割と考えていい。**Point**に従って、段落最初の部分と結びつけて、2段落を要約すると、〈日本の建築空間の特性は、境界がさだかでないことだが、それは空間を容器としての性格でとらえることが主調でないからだ〉となる。

3**段落**は、四つの文で構成されているが、文頭にある三つの指示語を押さえて文を追イカケルことが重要となる。

Point

指示語の対象をとらえながら読み進み、同値性を追イカケルことで、段落をつらぬく主題が見えてくる。

指示語を中心に同値性を追イカケルと、次のようになる。〈「傾向分析」＝「これ」＝「しつらえ」、「座」＝「これら」＝「領域を漠然と指定する手段」、「見えない領域に秩序をあたえる方法」＝「このような概念」＝「空間を〈場としての性格〉でとらえるところから生まれている」もの〉。これを参考にして、段落の最初と最後を結びつけて要約すると、〈日本の伝統的住居は、傾向分析によってとらえられるが、それは空間を場としての性格でとらえるところから生まれている〉となる。

ここで、2段落と3段落を見クラベておこう。1段落の「ある種の空間にたいする認識」（8行目）を主題としながら、どちらも日本の住居について述べており、2段落の否定表現による説明と3段落の説明とは、ほぼ裏返し

の関係になっていることに気づいてほしい。整理しなおすと、

2…空間を〈容器としての性格〉でとらえない→仕切りからくる分析は適していない

＝（裏返して言えば）

3…空間を〈場としての性格〉でとらえている→傾向分析は適している

となるが、この関係の把握のためにも、本文中の〈 〉という符号をチェックしておくことが役に立った。

Point

否定表現による間接的な説明は、
裏返しの同値関係にある肯定表現で、
直接的に説明し直されることが多い。

4段落に行くと、段落冒頭に指示語があり、「日本の空間にみられる特性」とつづく。この指示語「こうした」は当然前の段落を受けているわけだが、2段落の冒頭文に「日本の空間……の特性」（10行目～）とあったことから、2・3段落の両方を受けていることがわかる。

Point

段落の冒頭文に指示語がある場合は、
どの段落のどこから受けているのか、
指示対象の範囲をとらえることが重要！

もちろん逆の言い方をすれば、2・3段落の内容を「日本の空間にみられる特性」と要約しているのだ。

次に、第2文との関係について、

「もちろんA。しかしB」

という呼応表現に気づくことが大切だ。いわゆる譲歩構文であり、筆者の考えはBの方にある。またここではAの部分に「従来……説明されてきた」とあるため、A（常識）と対立関係にあるBでは筆者の考えの独自性が強調されており、重要な内容だと推理できる。「日本の空間の諸形式を決定してきた」（33行目）のは、「境界を明確にしない方がよいとする価値観……そうした美学（ここでは美意識くらいの意味）」だと主張されている。

最後の5段落は、引用の俳句を読みながし、むしろ、なぜこんな引用があるんだろうと考えながら、文章を追イカケルべきだ。第1文では引用の中の「しみる」を用いて「日本の空間に見られる特性」から「日本の文化の性格」へと話を広げる。また、第3文の冒頭に、

「実際のところ」と前の部分を**具体的に説明し直す**表現があるが、この文は俳句の前にある4段落の終わりの部分をもう一度なぞっている。引用の俳句による説明が両者を結びつけていると言ってもいい。引用前後の

「境界を明確にしない方がよいとする価値観があり、そうした美学が日本の空間の諸形式を決定してきたと思われる」（32行目〜）

＝

「事象が融合する様相は、美しい風景のひとつの条件として、今日なお日本人の価値観のなかに生きつづけているように思われる」（38行目〜）

という関係から、対応する語句を結びつけて理解してほしい。また、「思われる」という語句に注意を払うことも、同値関係を見出す助けとなるだろう。

第4・5文は例だから（　）に入れて読みながせばいいが、最終文の読解が難しい。まず、「これら」（41行目）の指す並列項（「不定形なものの相互の融合」「ハンゼンとしない色彩相互の浸透」「不安定な音相互の重ね合わせ」）は、「事象が融合する様相」（38行目）の例であるが、それが「日本の文化の性格」（35行目〜）として説明されていることを把握する。

次に、「絵画や書や音楽の手法というより基本的な特性にみられるばかりでなく」が、1段落の最終文の「何も文学だけでなく、諸芸術や工芸、はては日常生活の行動にいたるまで」と重なり、「これら（↓日本の文化の性格は……日常の情景あるいは風景にあって価値づけられていた」という内容は、やはり1段落の最終文の「ある種の空間にたいする認識が文化の底流にある」とほぼ同様のことを述べている。（1段落には「日本」の要素がないという相違はある。）

◎イイタイコトに〈とび蹴り〉する方法（その2）

なかなか全体像をとらえにくい文章だが、最終段落の話は実は最初の1段落に戻っていた。本文全体に関しても、長い段落をまとめるときと同じようにすればいいのである。

つまり、

Point

本文の末尾の話から、
本文の冒頭をもう一度見直し、
両者を結びつけて全体をとらえる。

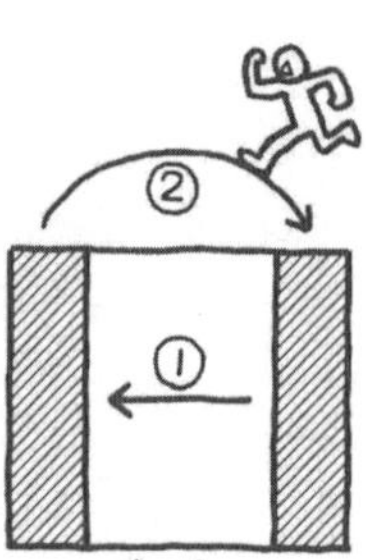

本文
〈とび蹴り②〉

必ず本文の末尾まで読んだら立チドマッて冒頭部と見クラベてほしい。冒頭から末尾へと一方向に読んできたことでとらえにくかった、本文全体の構造がつかみやすくなることが多いからだ。

この方法で、本文のイイタイコトは、およそ〈ある種の空間にたいする認識が、日本文化の底流にある〉とわかる。

これでもう、段落分けができるだろう。「日本」にまったく触れていない1段落は、個別的な〈日本文化論〉に入る前の一般論。2・3段落は、先ほど解説したとおり〈日本の空間の特性〉でワン・セット。また、4・5段落は〈日本人の価値観・美意識としての空間の把握〉を説明している点で、これも引用をはさんでワン・セット。したがって本文は三つの意味段落に切ることができる。

▼テーマを見出す

先ほどのイイタイコトの中にあった「ある種の空間にたいする認識」を具体化すればいい。

〈①（テーマ）空間は境界を明確にしない方がよいとする日本人の価値観・美意識〉

▼結論を導き出す

さらに、先ほどのイイタイコトの中にあった〈日本文化〉を具体的に説明して、

〈②（結論）空間は境界を明確にしない方がよいとする日本人の価値観・美意識が、事象が融合する様相を美の基本的な特性とする日本文化の底流にある〉

となる。

▼根拠を探り出す

結論は、1段落と4・5段落から導き出されていた。では、2・3段落の役割はなんだったのだろうと残った第Ⅱ意味段落のことを考える。もちろん〈日本の空間の特性〉を分析や対比によって詳しく説明することだ。これが〈日本の文化の特性〉の根拠となっている。

Point

本文の最初と最後に主張があり、
真中の部分が根拠となっているのは、
よくある文章のパターンだ。

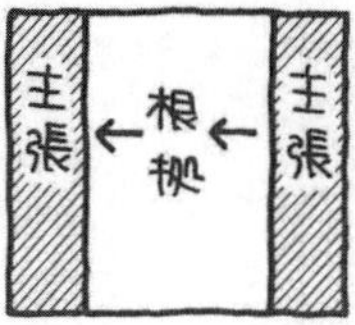

〈③（根拠）空間を場としての性格でとらえることが、境界がさだかでないのを特性とする日本の空間を生んだ〉

雑音《ノイズ》　境界を曖昧にすることで、相互の融合をはかるのがよいとする日本人の価値観は、たとえば日本人の社会的な行動様式にもあらわれる。個人は個人としての境界を曖昧にして集団への融合をはかり、できるだけ集団に沿って曖昧な行動をとろうとする。曖昧さを持つことは、確かに重要なことかもしれない。美的なもの（たとえば詩の言葉など）においても、人間関係（たとえば恋愛など）においても、曖昧さはニュアンスに満ちた豊かさを示す。ただし、余りにも曖昧さを誇る文化や人間には、大きな欠点があると僕は思う。輪郭を欠く曖昧さは、外部からの客観的な目を持たないから、自己の感性に触れないものに対しては無神経で幼稚な自己中心性を見せる。他者を傷つけ破壊しても平気だ、ということにもなりかねないのだ。

読解力開発問題　解答

〈段落〉　第Ⅰ段落　9行目まで　第Ⅱ段落　10～29行目　第Ⅲ段落　30行目から

〈要旨〉　境界がさだかでない日本の空間からわかるように、空間を場でとらえ境界を明確にしない方がよいとする日本人の価値観・美意識が、事象が融合する様相を美の基本的な特性とする日本文化の底流にある。（92字）

（傍線部は重要内容《イイタイコト》）

問1は同音異字の選択問題。おなじみの設問形式であり、難しいものはないが、同音異義語もあるので注意してほしい。

(ア)には〈恒例・交霊・好例〉

(ウ)には〈送呈・想定〉

(エ)には〈打倒・妥当〉

などが考えられる。

各選択肢の漢字は以下の通り。(ア)は〈①公園・②行楽・③恒常・④親交・⑤友好〉、(イ)は〈①増加・②認可・③仮定・④化学・⑤物価〉、(ウ)は〈①贈呈・②定期券・③提出・④訂正・⑤海底〉、(エ)は〈①圧倒・②投票・③当選・④政党・⑤踏襲〉、(オ)は〈①判決・②図版・③随伴・④煩雑・⑤諸般〉。ひとつひとつ確認しておこう。

問2の傍線部は「たとえば」で始まる一文の中にあるから、当然例示の部分であり、直前の文と同値関係が成立しているはずだ。すなわち、

同時にいくつもの像を重ねて見ること……こうした見方ないし操作は、空間に関連している。

=「たとえば」

実際の空間を意識し、これに別な記憶の風景を想い出して重ね合わせるのも、同じように意識がとらえた空間に関するはたらきである。

A

をとらえていなければならない。〈同時にいくつもの像を重ねて見る見方・操作〉という要素を持つのは②だけな

ので、すぐに答えが決まる。つまり〈霧しぐれ〉で見えない〈富士〉という「実際の空間を意識し」て、「これに」例えばくっきりとした晴れた日の富士や雪化粧の富士や夕陽に輝く富士など、「同時にいくつもの像を重ねて見る」わけであり、言い換えれば「別な記憶の風景を想い出して重ね合わせる」わけだから、〈見ぬ日ぞおもしろき〉となる。

　「たとえば」という**接続語**が解答の根拠

となっており、またそれほどまぎらわしい選択肢はない。

問3は、傍線直前にある

　「ような」という例示の**助動詞**が解答の根拠

となる。「ような」の直前部から、傍線部は「はれとけ」「表と裏」「上手《かみて》と下手《しもて》」「縁と奥」というような相対的な「領域分析」だとわかる。また、傍線部を受ける指示語があるのに気づく必要がある。つまり、

　「これ」「これら」という**指示語**も解答の根拠

となっており、3段落の解説で述べたように、傍線部は「領域を漠然と指定する手段」（27行目）であり、「見えない領域に秩序をあたえる方法」（27行目〜）なのだ。したがって、解答は⑤となる。ただここで注意しておきたいのは、本文の「見えない領域に秩序をあたえる方法」だけを見て⑤を選んではならないということだ。必ず⑤の中にある〈相対的な〉を吟味するようにしてほしい。というのも、実際上〈相対的な〉の部分を〈絶対的な〉に変えて、ヒッカケの選択肢をつくるなんてことが、よく行われるからだ。私大受験者は特に注意しなくてはいけない。

　他の選択肢の吟味をしておこう。①は本文の「確かな境界としての壁をたよりにした空間把握……が主調となっていない」（23行目〜）から逆。②は〈社会的な上位・下位〉が本文になく、〈絶対的な〉が逆。③は〈抽象的〉、④は〈一つの方向にかたよった主観的な〉が本文にない。よって①〜④は誤りとなる。

問4では傍線部を含む文と、前文との強いかかわりに気づかなければならない。つまり、ここでは、「もちろんA。しかしB」という呼応表現が解答の根拠となる。前文にある「従来」の「気候条件や生産方式」による「説明」も「もちろん妥当な説明である」としたうえで、さらに「気候条件」からくる「身体的な快適さ」や「生産方式」からくる「技術」に加えて、「境界を明確にしない方がよいとする価値観」「そうした美学」をあげているわけだ。すなわち、ここでの「あわせて」の意味は「加えて」であった。

表現上の特徴が解答の根拠になることをくれぐれも忘れないように。

問5は引用箇所に関する設問だ。設問文に「筆者の論旨に即した鑑賞」とあるが、たとえこのように明示されてなくても、〈現代文〉という科目の中では、つねに、

「筆者の論旨に即した」解答が設問の要求である

と考えねばならない。つまり、たとえ「鑑賞」問題であったとしても、君が何を考えどう感じるか、あるいは一般にどう考えられ何が感じられているかは、出題者のキキタイコトではない。これが〈現代文〉の原則だ。したがって、どんなにかたよった意見であったとしても、

キキタイコトは筆者の論旨

であるから、本文には存在しない常識や知識に頼っている選択肢は、すべてダメだ、ということになる。たとえば、①は論旨と違っており〈一生を旅に送った芭蕉の「漂泊の思い」の強さをも象徴〉などと、本文にない知識に頼っているし、②は〈とかく騒がしいものとされる蟬《せみ》の声を、「閑《しづか》さ」を深めるものとしてとらえた〉などと、論旨をふまえない常識的な判断に頼っているため、いずれも誤りとなる。

傍線部は引用箇所なのだから、なんのための引用例なのかを考えるべきだ。つまり、筆者はこの句をどういう意味で引用しているのかをつかめばいい。この句における芭蕉の意図を考える必要はないのだ。もちろん、このことは読解全般に関して言える。

Point

本文に引用部があった場合は、
引用部の原作者の意図は無視して、
引用がどんな論のための例かを考えるべきだ。

芭蕉の俳句は、「境界を明確にしない方がよいとする価値観……そうした美学」（32行目～）「日本人の価値観」（38行目）の例であり、そうしたものが「日本の空間の諸形式を決定」（33行目）し、「事象が融合する様相は、美しい風景のひとつの条件」（38行目）としてきたことを説明するための引用だった。

したがって正解は③となる。念のために他の選択肢も見ておこう。④は〈芭蕉の理想とした「さび」の境地を示す〉などと、本文にない知識に頼っているし、また、〈山寺の「閑さ」にひたり自然と一体化している芭蕉の姿〉では「事象が融合する様相」の説明にならないから、絶対にダメ。〈事象を融合〉〈境界を不明確にすることをよしとする〉〈日本人の美学〉などの語句で、ヒッカケられないように、要注意！　⑤は〈その（日本文化の）伝統に根ざしつつ、さらに高次の「閑さ」の境地をとらえた〉が明らかにダメ。あくまでも、ここでは日本文化の伝統が問題になっているのであり、〈さらに高次の〉は論旨に即していない。

問6は傍線部のない本文全体を問う設問。本文全体で述べられた「日本人の空間把握の特性」についての説明をチェックする。①は、〈仮想の空間に〉からダメ。②は〈気候条件や生産方式などによって培われた美意識〉からダメ。

「不定形なものの相互の融合」（40行目）という

本文中の語句ソノママ

にヒッカケられないように、要注意。③は〈自然を畏敬するという中世以来の伝統的自然観〉からダメ。これも「借景」（14行目）という

本文中の例ソノモノ

にヒッカケられないように。④は〈空間意識の欠如〉からダメ。⑤が正解となるが、ぜひ〈要旨〉（104ページ）を参照して自分で確認してほしい。

解答（配点は50点満点とする）

問1 (ア)―⑤　(イ)―②　(ウ)―②　(エ)―③　(オ)―①　（2点×5＝10点）
問2 ②（7点）
問3 ⑤（8点）
問4 ④（7点）
問5 ③（10点）
問6 ⑤（8点）

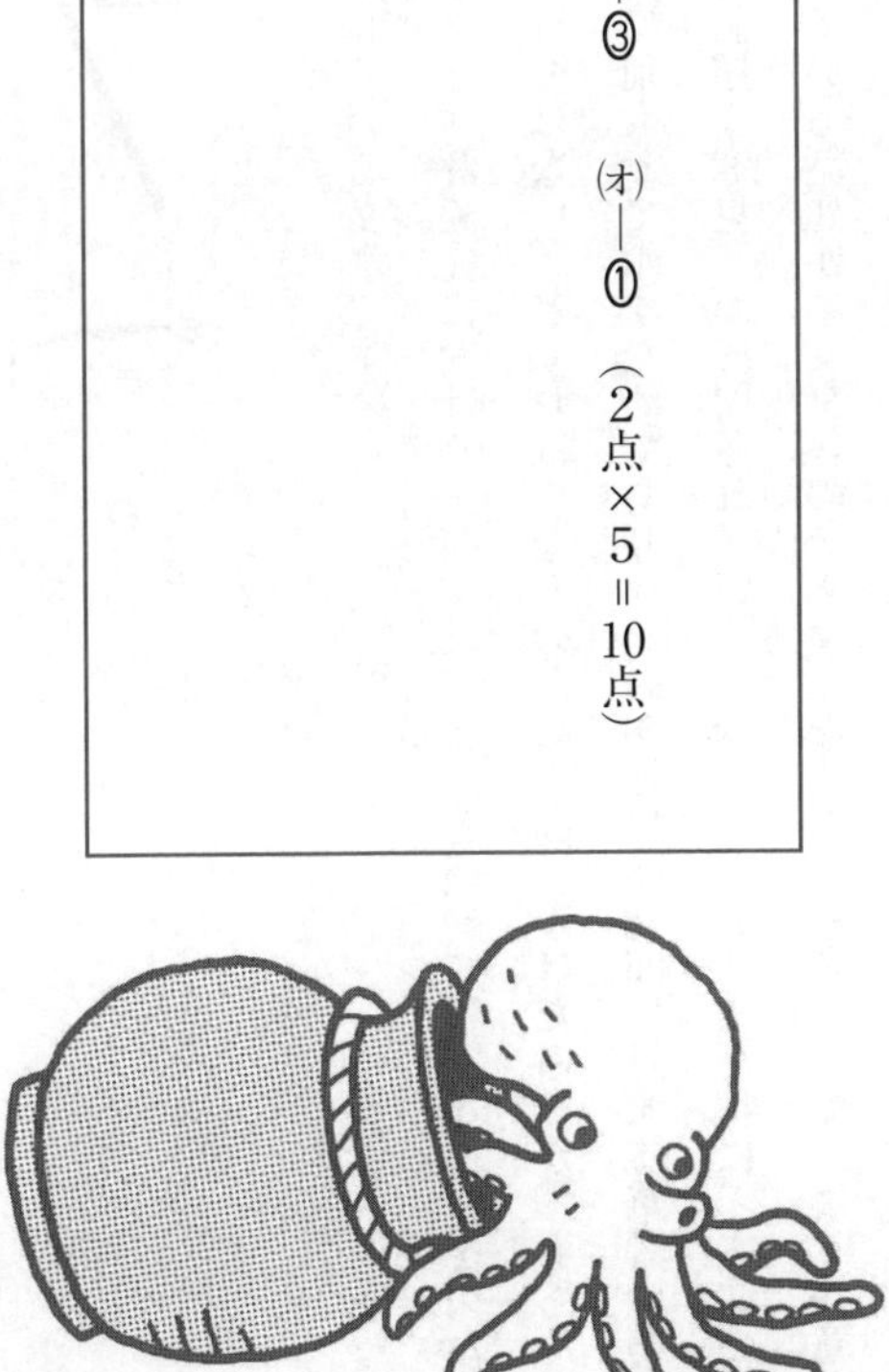

Lecture 7

今回は、いわゆる社会論。現代社会について論じている文章です。

本文の冒頭に、まず注意してほしい。疑問文がある。評論文における疑問文は、会話と違って特別な役割を果たす。筆者は別に誰かからの意見を期待しているわけではない。とすれば、なんのための問いかけだろうか。もちろんそれは、これからの話題がなんであるかを読者に前もって示すためであり、そのあとには疑問に対する筆者の解答がつづく。つまり〈疑問→解答〉という形で〈話題→意見〉が展開されていくと考えてよい。また特に、本文の冒頭に疑問文がある場合は、そこで問いかけられている話題が本文全体のテーマとなることも多いので、よく注意しなければならない。

Point

評論文における疑問文は、
あとに続く文章の話題を明示しており、
特に本文冒頭では全体のテーマを示すことも。

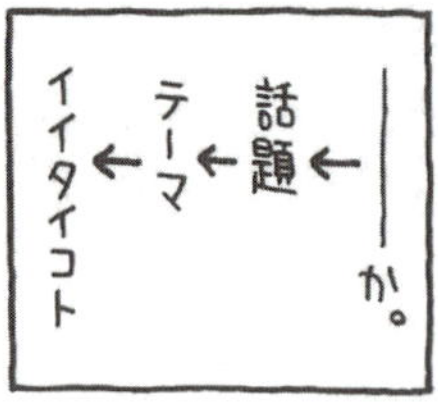

1段落はもちろん「レジャー」が話題になっている。第2文以降、レジャーに関する様々な考え方が並列されている。しかし並列されている個々の論を理解する以上に、それらに共通する性質をまずとらえておくべきであり

（71ページ Point 参照）、ここではそれらが前置きのような役目を果たしているにすぎない。重要なのは4行目の

「これにたいして」（最初の逆接語↓69ページの Point を参照）

のあとに出てくる「アリストテレスなどにみられるギリシャ的用法」であり、その内容として、7行目の

「つまり」（要約の接続語↓60ページの Point を参照）

で立チドマリ、「自己目的的行為がおこなわれる状態」を押さえる。さらに、8行目の

「そして」（話題継続の接続語）

以下を追イカケルと、これがレジャーの「厳密な規定」とされており、「こんにち」の「娯楽」「レクリエーション」（8行目〜）は「ほんらいレジャーのなかに入ってこない」（9行目〜）と、両者の差異が述べられている。「というのは」以下は、もちろんその根拠だ。①段落における

〈対立〉の関係（↓8ページの Point を必ず参照）

を整理しておくことで、〈話題〉を具体的にとらえておこう。

レジャー
- （アリストテレスなどにみられるギリシャ的用法）
  自己目的的行為がおこなわれるような状態……A

↔　↔

- （こんにちの「娯楽」「レクリエーション」）
  仕事の単調さ、つらさをまぬがれよう＝仕事に関係……B

「仕事」という他者に関係している「娯楽」「レクリエーション」は自己目的的な本来の「レジャー」ではないというわけだ。

2段落に入っても、A↕Bの対立項は1段落とほとんど変化していない。

（アリストテレス的レジャー観）
それ自身のためになされるような価値ある活動（14行目）……A

レジャー ↔ ↔

（われわれにとってのレジャー）
仕事のつまらなさからの逃避＝消極的従属的（20行目）……B

ただし、「価値ある」という⊕（プラス）の判断、「消極的従属的」という⊖（マイナス）の判断を示す言葉にも、注意を払ってほしい。AとBの色分けがはっきりしてきた。現代のレジャーは⊖で、もっと積極的で自由（↕消極的従属的）になるべきだというわけ。

Point

筆者にとっては、何が⊕か、何が⊖かをとらえることで、主張の方向を知ることができる。

3段落も、1段落と同じように、第1文は疑問文だ。「余暇」の増大という状況において、「それ自身において意味と価値のある行為」（23行目〜）つまり「アリストテレス的レジャー」が可能かと問いかけている。筆者による解答つまり意見は「現実の傾向はむしろその逆」（24行目〜）と否定的だ。したがってこの段落でも、対立項A（「それ自身において意味と価値のある行為」）↕B（「現実の傾向」）の内容は1・2段落とほとんど同じと言えるね。

4段落は、冒頭の文に「このように」という指示語がある。2段落の冒頭でも同じようなことをやったのだけれど、こういう指示語を手がかりにして、前の段落との関係を整理しておきたい。

Point

段落の冒頭文にある指示語は、
接続語と同じように、
前の段落との関係をとらえる手がかりだ。

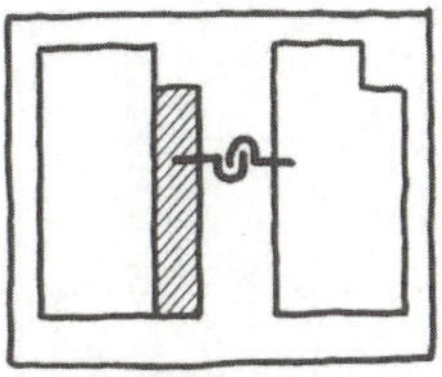

〈指示語・接続語は前段との連結器〉

「自由時間は、このように……量的時間的側面をあらわす」（28行目）とあるが、たしかに3段落では、「余暇の増大」（25行目）という量の面から論じられていた。それに対して4段落の話題は、「このばあい」（＝自由時間）の質的側面＝「自由時間がいかなるいみで自由か」（29行目）である。本文中（29行目）に、「……は**問題**である」とあれば、当然それがここでの問題点だし、またもし、「……は**重要**である」とあれば、当然それがそこでの重要点となる。

わかりますね。

この段落は長いけれど、**第6問**でやった Point（必ず97ページを参照）を思い出せば、うまくマトメられるだろう。つまり、段落の最初の部分の「自由時間がいかなる意味で自由か」と段落の最後の部分「自由時間というばあいの自由は」（37行目〜）との呼応をとらえればよい。この段落で筆者は〈自由時間とは「強制を離れた自由な選択、動機」（39行目）によって過ごす時間〉でなければならないと、〈自由時間のあるべき姿〉を説いていることがわかるだろう。

5段落。第1文は長いが、話題がなんであるかをまちがえないようにしてほしい。

Point

長くて読みにくい文は、
主語―述語・強調・主張を示す表現から、
話題が何であるかをしっかりとらえる。

文全体の主語は「それ」（43行目）、その指示対象は直前の「人間がより人間らしくなるための機会として余暇を活用すること」であり、文全体の述語は「レジャーの目的でなければならない」（43行目）である。また「まさに」（43行目）という強調表現、「なければならない」という主張を示す表現もある。これらに注目すれば、話題は〈余暇（一種の自由時間）の真の活用〉こそ「レジャーの目的」であるという〈自由時間の質的側面〉であることがわかるだろう。それ以後の文も、

余暇が生き甲斐と感じられるにいたった（46行目）
↔「ところが」
余暇をもてあますということがおこり始めた（47行目）
＝
現代人は自由時間に不安を感じ……（52行目）

というぐあいに、「余暇」「自由時間」が「自由な選択」（39行目）をふくんでおらず、4段落で説いた〈自由時間のあるべき姿〉ではないと、その㊀の状況を説明している。

6段落も、冒頭に「さらに」と添加・並列を示す接続語があるから、5段落の主張と方向は変わらない。マトメると、

自由時間
- 断片性→自由であることを阻止（54行目～）
- 受身的＝無思考的・無批判的（56～61行目）

というぐあいに、「自由時間」が「自由な……動機」（39行目）をふくんでおらず、5段落と同じく、〈自由時間のあるべき姿〉ではないと、その㊀の状況を説明している。

最後の7段落は、冒頭部で指示語を用いて「このようにして、人が自己規定性と主体性をうしなう」と、前の二つの段落を要約している。つまり、筆者は、段落を変えてもいきなり新しいことを述べずに、すでに述べたことだネという確認作業を行っているわけだ。文章というのは、このようにして、すでに筆者が読者に伝えた情報を旧情報として確認しながら、新情報を提供していくという構造を持つ。もしそうではなくて新しい情報ばかりが次々に並べられていったら、その新しい情報どうしの関係が把握できなくなるからだ。したがって、情報伝達はこのようにして部分的な同値関係の反復となる。図示すると、次のようになる。

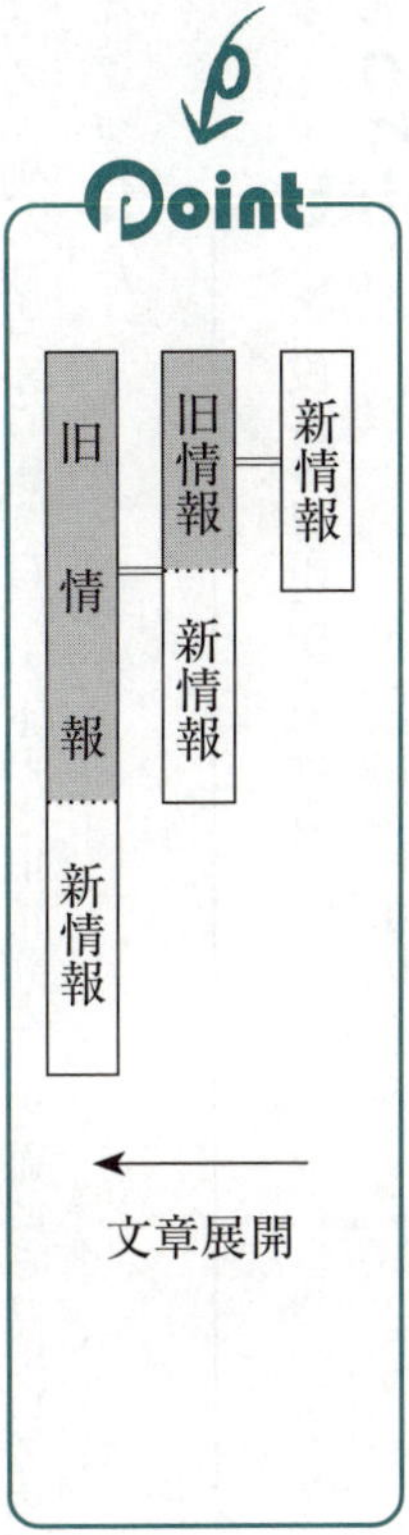

もちろん別の観点から言えば、わざわざ旧情報として確認されている内容は重要だし、直前部を理解するのにとても役立つわけだ。

Point

段落の冒頭部における、指示語を利用した要約によって、前の段落の内容を大づかみする。

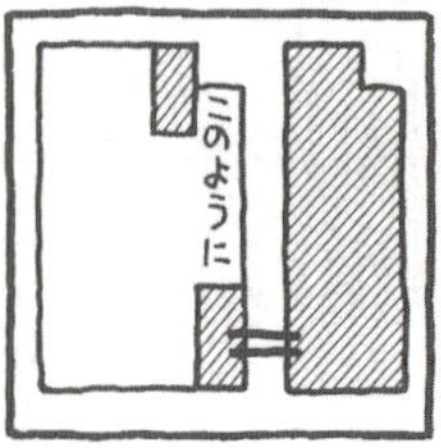

[5]・[6]段落の内容と[7]段落の冒頭部との同値関係をチェックしておこう。[5]段落の〈自由（時間）・余暇をもてあます→仕事につながれているほうをえらぶ〉という状況は、〈自己規定性をうしなっている〉ということだし、また[6]段落の〈無思考的無批判的となる〉ということは、〈主体性を失う〉ということだといえる。

では[7]段落の内容を追イカケよう。筆者は「自由時間は不自由時間に変ぼう」（64行目～）という現代の⊖面を克服して「自由時間が真に人間の自由のための時間となることは、どのようにして可能か。」（66行目）と問いかけ、「ギリシャ人の知恵」（67行目）に「学ぶべき」だと述べている。もちろんギリシャ人の知恵の内容は、すでに[1]段落で述べられていた。

♠

この文章も**第6問**と同様に、本文の末尾での話が[1]段落で扱われていた内容（つまりギリシャ的用法のレジャー）にふれている。この構造をとらえて全体像を把握する手がかりにしてほしい（101ページ**イイタイコトに〈とび蹴り〉する方法**を必ず参照）。

意味段落に分けていこう。まず、1段落は〈ギリシャ的用法のレジャー〉を提示し、2段落はそれが〈現代のレジャー〉と異なると述べ、3段落は後者とどれほど相反するかを説明している。つまり、1〜3段落は現代のレジャーが本来の姿を失って㊀の状況に陥っているという問題提起であった。

また、1〜3段落は対立項（A↕B）も同じだった。

Point

対立項が同じであるなら、
その上に立つ話題も同じであるから
同じ意味段落と考えていい。

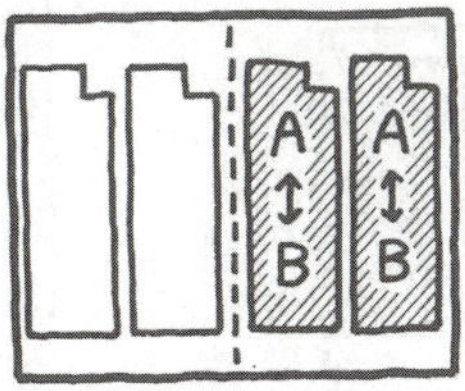

〈段落分け〉

次に4段落は、レジャーの量的時間的側面である自由時間における質的側面、つまり自由時間が「自由な選択、動機をふくむもの」（39行目）でなければならないことを述べ、それに対して5段落は自由な選択が好まれないと自己規定性（64行目）の喪失を、さらに6段落は、自由な動機がなく受身的・無思考的無批判的だと主体性の喪失を嘆いている。すなわち4〜6段落は現代の自由時間がいかに内容のないものであるかということを説明していた。そして7段落には、〈ギリシャ的用法のレジャー〉に学ぶべきだという主張が来る。したがって本文は、1・2・3段落は問題提起、4・5・6段落は具体的分析、7段落は筆者の主張というように、三つの意味段落（Ⅰ・Ⅱ・Ⅲ）に分けられる。

▼テーマを見出す

本文冒頭の疑問文で扱われていた「レジャー」の話題は、本文の末尾にまで及んでいるし、

現代のレジャー・自由時間
↔
ギリシャ的用法のレジャー

という対立項も、第Ⅰ段落・第Ⅱ段落の両方にあったし、また第Ⅱ段落は〈現代の自由時間〉の分析だった。このことから、

〈①（テーマ）現代のレジャー・自由時間〉

▼結論を導き出す

最終段落に主張があった。その末尾で強く訴えている「レジャーが学問や教育とふかく関係することを説いたギリシャ人の知恵にいまこそ、われわれは学ぶべきではないか。」という部分を、第Ⅰ意味段落から具体化すればいい。

〈②（結論）真の自由時間、レジャーを回復するために、レジャーとはそれ自身のためになされる価値ある活動だと説いたギリシャ人の知恵から学ぶべきだ〉

▼根拠を探り出す

最終段落の冒頭で、自由時間の現状についての第Ⅱ段落の分析が要約されていたから、そこを利用すればいい。

〈③（根拠）現代の自由時間は、人が自己規定性と主体性を失う不自由時間になっている〉

イイタイコトに〈とび蹴り〉する方法（その3）

またここで、筆者が文章を書くモチーフ（動機）について考えてみよう。〈現代文〉という科目で取り扱う評論のジャンルは実に様々で、この本に掲載した問題だけでも、都市論・文学論・文化論・言語論・社会論・経済論などがあった。しかしそこにも一つの共通性がある。それは多くの評論が、現代日本の筆者が現代日本の読者にむ

かって、現代・日本のことについて述べようとしているものだということだ。つまり多くの文章の筆者のモチーフは、〈現代・日本のことについて述べたい〉というものであり、過去や理想や外国について語っていても、それは結局現代・日本と対立させて現代・日本の状況を浮かび上がらせようという戦略に基づく場合がほとんどだ。またその現代・日本の状況も、⊕面よりは⊖面を指摘する場合が多い。当然だよね。めでたい、めでたいと現代・日本を賛美している評論ではあまり有用性がないからだ。

したがって、現代・日本の状況、特にその⊖面と、それをどうすればよいかという筆者の意見に〈とび蹴り〉すればイイタイコトはつかめるわけです。

Point

> 過去・理想・外国と対立させられた、
> 現代・日本の状況、特にその⊖面と対策は、
> 筆者のイイタイコトになる。

〈とび蹴り③〉

この本文のイイタイコトは、このPointから、大ざっぱにとらえれば、〈現代のレジャー・自由時間の⊖面（自己規定性・主体性の喪失↓不自由時間へ）をギリシャ人の知恵という過去の⊕に学んで克服しよう〉となる。

雑音《ノイズ》

現代人の自由時間は受身的で、マス・メディアによる大衆娯楽がそれを埋めつくす。その結果、僕らは無思考的無批判的となり空虚に陥り、その空虚さをごまかすためにますます外から空《むな》しいものを得ようとして悪循環を進行させてしまう。どこかでこれを断ち切る必要がある。その意味で、みずからが様々な欲望を持つというよりも、むしろマス・メディアによって欲望を持たされてしまう現代社会を生きるうえで、自己規定性と主体性の追究こそ重要なテーマであるといえよう。何が自分にとって本当の幸せであり、何が自分にとって本当に不可欠であるか。それを知ることが、現代において真に自由になるためには避けて通ることのできない問題であろう。

読解力開発問題　解答

〈段落〉 第Ⅰ段落　27行目まで　　第Ⅱ段落　28～63行目　　第Ⅲ段落　64行目から

〈要旨〉 現代のレジャー（or自由時間）は、人が自己規定性と主体性を失った不自由時間となっている。いま真のレジャー（or自由時間）を回復するために、レジャーとはそれ自身のためになされる価値ある活動だと説いたギリシャ人の知恵から学ぶべきだ。（98字）

問一は抜き出し問題。〈3段落まで〉で、しかも〈字数が十五字〉ちょうどとあることに注意してほしい。もちろん字数から答えを捜すのではなく、まず手がかりとなる空欄を含む部分とその前後との関係を整理してみる。

アリストテレスなどにみられるギリシャ的用法では、レジャーは……
A行為、つまり自己目的的行為がおこなわれるような状態（4～7行目）
＝
アリストテレス的レジャー観からいえば、真にレジャーの名に価する活動は、
それ自身のためになされるような価値ある活動（13行目～）

この同値関係にある二つの部分をしっかりと見較べれば、Aつまり（＝）「自己目的的」＝「それ自身のためになされるような」で、字数を数えて解答は決まる。もちろん3段落までという設問の条件は満たしている。当然のことだが、解答条件を一つでも欠いていれば、0点だ。「それ自身において意味と価値のある」（23行目～）は16字だからダメ、「人間がより人間らしくなるための」（42行目）は3段落よりもあとに出てくるからダメとなる。

問二は問一と違って選択肢があるが、まずは前後との関係から解答の大まかな内容をつかまえることがたいせつ。直前の「……よりは」という表現から対立関係をとらえて手がかりにする。

生の充実と人間性の回復の機会をあたえる（真のレジャー）

↔

B

から、解答は**ロ**か**ホ**と決められる。つまり**イ**の「生産意欲の減退」、**ハ**の「高度な文化は崩壊の危機」、**ニ**の「経済の伸長と国家の発展」は、〈真のレジャー〉と対立関係にある〈現代のレジャー〉の内容とは言えないから誤り。

次に**ロ**と**ホ**の比較であるが、直前の「生の充実と人間性の回復」との表現形式の類似から、

〈生の堕落と人間性の喪失〉とある**ロ**（誤答）

が答えだと早合点しないように。これはタコツボ。そんなことは本文に書かれていない。あくまで論理重視。解答が決まらない場合には、より広い範囲に視野を広げて手がかりを求めることが大事。すると、空欄部を修飾する部分「大衆娯楽の質とあいまって」（26行目〜）が見つかるだろう。したがって解答は大衆娯楽的な現代のレジャーの状況を説明しているものがいいので、正解は**ホ**。〈たんなる一時的な情緒的満足や倒錯した刺激をあたえる〉の部分が「大衆娯楽の質」と同値と考えられるし、〈自己疎外や非人間化をますます促進する〉の部分が「生の充実と人間性の回復の機会をあたえる」と対立と考えられる。**ホ**の方が**ロ**よりも解答の根拠となる

本文との同値・対立の内容をより多く持っている。

問三も語句の空欄補充。 C は空欄直後に「つまり」とあるから、「強制を離れた自由な選択、動機をふくむもの」との同値から答えを出せばいい。 D は空欄を含む文が「フロムやサルトルが指摘するように」（49行目〜）とあるように有名人を利用しての言い直しだから、その直前の文との同値をとらえる。

余暇をもてあますよりも［仕事につながれている］ほうをえらぶ
＝
自由をもてあまして自由を不安に感じ……［D］をえらびとる
（仕事につながれている → D）

また、直前部との呼応関係〈「自由からの逃走」→「［D］をえらびとる」〉も解答の手がかりとなる。したがって、空欄に入るのは「仕事につながれている」と同値、「自由」と対立の内容だということになり、解答は**ハ**と決まる。

〈安定〉も「不安に感じ」という部分との呼応から解答の要素としてふさわしいといえる。

問四は傍線部の理由をたずねているが、傍線部の直前に「このようにして、自己規定性と主体性をうしなうとき」とあるので、この部分の内容から解答を考える。ここで選択肢を見ると、どれも読点〈、〉によって二つの要素から成り立っていることがわかる。これは答えを出す大きなヒントになる。選択肢の形式にはいつも注意してください。「このようにして」という表現で受けている前段落の内容を参考にして、〈自己規定性をうしなう〉＝〈外界に従属〉、〈主体性をうしなう〉＝〈無自覚的に引きずられ〉の同値から、解答は**ロ**。

他の選択肢はすべて前段落内容を受けていないので間違い。

問五は本文全体にかかわる設問。選択肢**イ**は、本文に〈「ひまをつぶす」という表現〉に関する記述はないが、「余暇の善用ということがいわれるけれども、それは……人間がより人間らしくなるための機会として余暇を活用することであり」(40〜43行目)とあることから考えて、全体の内容が本文と矛盾しているとはいえない。**ロ**は、レジャーの重要性を〈労働意欲を増進させるという点〉でしか捉えておらず、真のレジャーに関する筆者のイイタイコトに矛盾する。常識的な内容なので、うっかり選んでしまった人もいるかもしれないが、イイタイコトに〈とび蹴り〉

する方法（21ページ参照）でも説明したように、筆者のイイタイコトはむしろ常識と相反するのだから、

常識的な選択肢はヒッカケ

であることが多いので注意してほしい。君の常識力が解答を決めるわけではない。君の常識を利用してヒッカケの選択肢が作られているのだ。

ハは、〈レジャーの時間と自由な時間〉とを二つに分けて考えており、しかも前者を集団で過ごす時間、後者を個人で過ごす時間と本文と異なる捉え方をしているからダメ。**ニ**は、本文中に〈近代技術の発展〉とか〈頭脳労働者〉に関する話題は直接出て来ないが、現代のレジャーは「仕事の単調さ、つらさをまぬがれようとしてなされる」（10行目～）「せいぜい気ばらしやあそびや休息をいみするか、でなければ、仕事のつまらなさからの逃避をいみする」（19行目～）とあるから本文と矛盾しない。**ホ**は、〈農村社会に真の余暇の善用がある〉と場所による区別をして述べているので、ダメ。

解答（配点は50点満点とする）

問一　最初―それ自　最後―ような　（8点）
問二　ホ　（10点）
問三　C―ホ　D―ハ　（6点×2＝12点）
問四　ロ　（8点）
問五　イ・ニ　（6点×2＝12点）

Lecture 8

今回は、かなり読みにくい文章だったと思います。でも難解な文章にだって対策はある。一文一文の内容がとらえにくいならば、まず、文と文とのつながりをしっかりと押さえていけばいい。

具体的に言うと、

Point

> 難解な本文は、同値・対立の関係や、
> 指示語・接続語・呼応表現から、
> まず大まかな論理・内容をとらえていく。

そして細かな内容・論理については、あとで設問を解くときに必要に応じて考えるという柔軟な気持ちで読み進める。難しい箇所にこだわりすぎると、かえって本文の全体像をつかみ損《そこ》なう危険が大きい。逆に、筆者のイイタイコトさえわかれば、難しい箇所も推理できる。

そんな気持ちでいこう。

以上のことを念頭において、本文を追イカケル。

1**段落**では、まず対立項をしっかりと押さえたい。「現実の企業」の「新商品発見」の「集団」（1行目）と「狭義の生産のための組織」（2行目〜）だ。「しかし」（1行目〜）という逆接語があるから、この関係にはすぐ気がつくよね。本文の1段落で対立項を押さえておくことはとても重要だ。前にも述べたように、対立は共通性の上に立った差異であり、筆者はそこで両者の差異性を強調して読者に納得させようとしているのだ。いいかえれば、対立項は話題を生み出している場である。たとえば、ネコをイヌと対立させて話すときと、ネコをライオンと対立させて話すときとでは、ネコについて話される内容が違うことは誰でも推測できる。（前者なら、従順なイヌに対する気儘《きまま》なネコとか、後者なら獰猛《どうもう》なライオンに対する可愛いネコとか。）

しかも、それが話の初めすなわち1段落にあったとしたら、そこで本文全体のテーマが提示されている可能性はとっても大きい。

Point

対立項をとらえることによって、話題を推理することができるし、それが本文冒頭なら全体のテーマかも。

また、この対立項〈現実の企業の新商品発見の集団（A）↔狭義の生産のための組織（B）〉は、7行目に「けだし」（＝考えてみると）と言い直しの表現があって、9行目の「だが」という逆接語の前後で、「狭義の生産組織」（B）↔「発見や開発の集団」（A）という表現でくり返し登場する。この対立項を利用して1段落を整理すると、次のようになる。

現実の企業の新商品発見の集団（発見や開発の集団）……A

　[a]を共有して働く……………………A_1

　　⇩

　集団の規模の適正な大きさが制限されるのである……A_2 ⇦ A_1

↔

狭義の生産のための組織（狭義の生産組織）…………B

　つねに定められた目的を共有して働く………B_1

　　⇩

　どんなに多数の人間にもそれを共有することができる……B_2 ⇦ B_1

A↔Bに沿って、A_1↔B_1・A_2↔B_2の対立もしっかりと押さえておこう。しかし、この対立構造をとらえただけでは、まだ完璧（完璧なんて書いてたらカンペキにダメ！）ではない。A↔Bによって、AとBの差異を伝えようとしている場合と、A（またはB）の内容をB（またはA）の内容と対比して伝えようとしている場合とが考えられるからだ。

Point

A↕Bの対立構造が示すものは、

- A・Bの比重が同じで、差異を指摘する。
- A・Bの比重が違って、一方を強調する。

ここでは（A）の側に筆者のイイタイコトがある。

「なによりも」（4行目）という**比較**表現

「おのずから」（10行目〜）という**強調**表現

で導かれ、くり返し述べられているA_2の内容がなによりもおのずから重要と考えられる。

[2]段落は冒頭に、

「じっさい」という**確認**を示す表現

がある。[1]段落のAの側の活動を「このような非プログラム的な情報生産活動」と指示語を利用してまとめ（116ページ**Point**参照）、それが「現代の企業のなかでは……商品開発部門を越えて拡大しつづけている」と確認しているのだ。さらに、そのことを裏づける具体的な「部門」として、「宣伝、市場調査、消費者相談といった部門」（18行目〜）、「そのうえに……広報」（20行目〜）、「さらに、……セールスという巨大な部門」（21行目〜）をとりあげ、最後のものが、「その意味において、非プログラム的な情報生産の最大の担い手だ」（23行目）とまとめている。

「その意味において」は**要約**内容へ移る合図。

この段落の読解においては、指示語・接続語のチェックが不可欠だったね。また、前にも述べたように、長い段落では、最初と最後の呼応が見えれば、全体像の把握は容易だ。この段落はまさにその典型だろう。確かめてほしい。

3段落は冒頭文で、

「繰返し注意しておくべきことは」という**強調**表現

が使われており、商品の「実質とイメージという区分そのものが無意味」(26行目)だと述べている。次の文で「古典的な概念のいう商品の実質」を引き合いに出しておき、「だが」(29行目)以下でそれと対比して、再び、現代の商品の「実質は半ば以上イメージの分野にユウワして」(31行目)いると説明している。そのあとに来ているのは具体例を挙げてのくり返し。「デザインや……」(31行目)から「……フンイ気なのである」(36行目〜)までは( )に入れて読んでいい。

「この意味で」は**要約**内容へ移る合図。

したがって、段落の最終文で立チドマル。「現代の宣伝やセールスは……商品開発そのものと同じく、……情報を創造する活動だ」と述べており、これは2段落の内容とほぼ同じだ。つまりこの段落は、商品の実質とイメージの融和という状況を説明して、2段落の内容をとらえなおしていたわけだ。

4段落は冒頭部に、

「そして」という**話題継続**の接続語

がある。3段落の最終部を受けて「宣伝やセールス」を話題にしているのだ。その「集団はおおむね小規模の単位からなり、そのなかで、個人の相互表現をできるだけ保証するような機構がたもたれている」(41行目〜)と述べ

ているが、ここで気をつけたいのは、「宣伝やセールスのような仕事の場合も」(40行目)とあることだ。もちろん、

「も」は**並列**を示す副助詞

である。つまり、「集団はおおむね小規模の単位からなり、……」ということはすでに[1]段落で〈新商品発見の集団〉において言われていた内容(A_2)と同じなのだから、〈宣伝・セールスの集団〉が〈新商品発見の集団〉と同じ種類のものとして並列されているのだ。さらに次の文では「この種の集団は……目的志向の集団ではない」(42〜44行目)と、Bの側(狭義の生産組織)とは異なることが説明されている。「たしかに……」以下(44〜48行目)は、「目的志向の集団ではない」ことの理由だ。「軍隊」(46行目)という例をとりあげて、「内容の限定されていない願望は行動の目的とは呼べない」(45行目〜)ことを確認してるわけだね。

そのあとの

「その意味でいえば」は**要約**内容へ移る合図。

[2]・[3]段落の終わりにあったものと同類である。

Point

「その意味において」「この意味で」
「その意味でいえば」などのあとは、
筆者の要約だから重要部分である。

「宣伝やセールスの担当者たち」は、「どんなイメージをいかに売るか」という〈目的〉を「知らない状態で集まる」のであり、「彼らの仕事の本質的な部分」は「それ(=どんなイメージをいかに売るか)」という〈目的〉を「発

見する努力」にあると要約されている。それ以降の段落最終部は、この集団のリーダーについての説明。「彼の体制的な権力は弱い」（52行目）と述べ、「構成員ひとりひとりの活力をユウドウするような人物」（53行目）であり、「非プログラム的な情報をクシする」（54行目）ことが望まれると語っている。たしかに〈集団のリーダー〉についての説明はここではじめて出てきたわけだが、スルドイあなたは、これはくり返しじゃないか、と感じているかもしれない。なぜなら、4段落の冒頭文でいわれていた「個人の相互表現をできるだけ保証するような機構がたもたれている」ということを、〈リーダーの条件〉という形で言い直しているにすぎないから。ということは、またしても、

話が戻った！

段落の最初と最後が一致していた

ということになる。とうぜん、この内容をしっかりとらえることが重要だ。

最後の5段落にいこう。冒頭の文に「これらの集団（＝「この種の集団」（52行目〜）＝〈宣伝やセールスの仕事をおこなう集団〉）」（A）と「伝統的な生産組織」（B）という対立項があるけど、これはすでに1段落の解説で指摘した「発見や開発の集団」（9行目）と「狭義の生産組織」（7行目）にそれぞれ重なるよね。ただし、この段落で問題にされている「発見や開発の集団」の特徴は、今までまったく触れられていなかった「時間的な合理性と無縁」「時間的な規律になじまない」（56行目〜）といった〈時間〉に関することがらだ。そのあとに、「近代産業社会の根本精神は時間に関する合理主義」（58行目）とあるが、「伝統的な生産組織」（B）はもちろんこの「近代産業社会」に属しているのであり、（A）の側と比較されるわけ。つまり、

「これに対して」という**対立**を示す表現

からあとは、（A）の側の説明に入る。「仕事の内容が目的そのものの探究である」（60行目）つまり目的があらかじめ定まっていないため、目的志向の集団（Bの側）ではないことが述べられ、それを根拠に「時間の節約という観念が根底から意味を失うのは自明である」（61行目）、「当然、時間の規律のうえでこれまでよりゆるやかな統制を持ち」（64行目）というように、「時間に関する合理主義」（58行目）と対立すると主張されている。

筆者の言葉づかいに対して敏感であれば、論理はいっそうとらえやすかったはずだ。「自明」「当然」という語に注意してほしい。1段落末尾の「おのずから」（10行目～）とともにまとめておこう。

Point

「自明」「当然」「おのずから」など、これが結論だとほのめかす言葉があれば、筆者が何を根拠に何を主張しているかを考える。

65～66行目の「これは……近代産業社会を支えた秩序にとって小さからぬ変化だ」はマトメの表現。この段落でも、現代の企業の中の集団（A）が過去のもの（B）と比較してどういう特徴を持つようになったかが話題であったわけだ。最終文は、なぜ「小さからぬ変化」であるかを「……からである」という言い方で簡単に補足説明しているだけであるから、たいして重要ではない。

▼テーマを見出す

本文全体を通して、対立項（A↕B）が一定していた。この点に注目できていれば、テーマをとらえることは容易だったと思う。A（現代の企業の中の集団）とB（伝統的な生産組織）の対立によって、Aの側の特徴が説明されていた。したがって、

〈①（テーマ）現代の企業の中の集団〉

▼結論を導き出す

テーマに関する筆者の結論は二つ。ともにAの側の特徴である。一つは、[1]段落で「発見や開発の集団」（9行目）について言われていた「集団の大きさが個人間の対話の可能な範囲に限られる」（4行目～）という内容であり、[4]段落で「宣伝やセールスのような仕事」（40行目）の集団について言われていた「個人の相互表現をできるだけ保証するような機構がたもたれている」（41行目～）という内容と同じである。これをAの側の特徴の一つ（結論Ⅰ）としてひとマトメにする。もう一つは、[5]段落で言われていた「時間の規律のうえでこれまでよりゆるやかな統制」（64行目）を持つという内容（結論Ⅱ）。したがって、

〈②（結論）現代の企業の中の集団は、大きさが個人間の相互表現が可能な範囲に限られ、時間の規律にゆるやかであるという特徴を持つ〉

▼根拠を探り出す

結論Ⅰの根拠は[4]段落にあった。50行目からの「彼らの仕事の本質的な部分は、みずからそれ（＝行動の目的（47行目～）＝どんなイメージをいかに売るか（49行目）＝非プログラム的な情報（54行目））を発見する努力に捧げられている」の部分。結論Ⅱの根拠はもちろん[5]段落にある。60行目の「仕事の内容が目的そのものの探求であ

る」の部分だ。これでわかるように二つの結論を支える根拠は結局一つだったね。

〈③（根拠）仕事の本質的な部分は、どんなイメージをいかに売るかという行動の目的そのものを探求する非プログラム的な情報生産である〉

雑音《ノイズ》　本文の終わり近くに「十七世紀以来、近代産業社会を支えた秩序にとって小さからぬ変化だ」とあるが、まさに現代とは脱近代の時代といえるのかもしれない。モダン（modern）は現代と同時に近代を意味する語であるが、今こそ近代産業社会がつくり上げてきた思考の土俵を再検討すべき時期なのだろう。だが注意も必要だ。決して理性の近代から感性の脱近代へなどと考えてはならない。理性と感性という二項対立が形成する土俵こそ僕らが脱ぎ捨てるべき思考の囚衣なのだから。そして、現代の企業集団を山崎氏のように「イメージ」「創造」「タイダのなかの一瞬のひらめき」などという言葉によって、新しい創造の場などと錯覚してはならないだろう。むしろ、ひらめきやイメージや情報さえもが商品価値の形成に参加させられてしまう高度な近代産業社会の不幸を考えるべきだ。優しくソフトに、それだけより徹底的に僕らを管理して、欲望と消費をあおることこそが近代産業社会の戦略である。むしろ産業中心からの脱却こそ急務ではないだろうか。また一方、知の冒険を避け、一見産業社会とは無縁に、ひたすら自分の生活と旧来の専門分野に固執して成熟を目指そうとする思考は、結局は時代の危機を覆い隠すことにしかならないであろう。

読解力開発問題　解答

〈要旨〉現代の企業の中の集団は、どんなイメージをいかに売るかという行動目的自体を探求する非プログラム的な情報生産を本質的な仕事とするため、個人間の相互表現が可能な大きさで、時間の規律にあまいという特徴を持つ。（100字）

問一は漢字の書き取り。難しいものはないが、このレベルのものが入試では多いのだから、すべてできてほしい。

問二は空欄補充。[a]は空欄を含む文が「だが」で始まっていることから、対立によって解答を出せばよいということがわかるね。

目的を共有して働く（7行目〜）
［だが］↔
[a]を共有して働く（9行目〜）

でも、これだけでは、「目的」の対立と理解できても、答えが出ないよね。そこで、「目的」が「キチ（既知）の認識」と言い直されていることを追イカケル。目的＝既知の認識↔[a]という同値・対立を捉えて答えが出る。

既知の認識がナイと考えて答えは〈ウ　無知〉。

[b]を含む文は、「繰返し注意しておくべきことは」で始まっていることからわかるように、前段と同じく〈現

代〉について述べている。それに対して、直後の文は「古典的な概念」（27行目）をとり上げており、さらに次の文はまた〈現代〉について述べている。つまり、

b においては――〈現代〉――

商品の実質とイメージは不可分の関係

⇔

古典的な概念のいう

商品の実質とは……物質的な部分のこと

⇔

「だが」

現代では、商品がそうした機能を持つことは当然の前提……

実質は半ば以上イメージの分野にユウワ

したがって、「現代」は「商品がそうした〈ウえを満たし、寒さを防ぎ、生理的な安全を守る〉機能を持つことは当然の前提」となっているのだから、 b は〈エ　豊かな社会〉となる。右に示した同値・対立をきちんと把握していないと、うっかり、

〈イ　近代産業社会〉（誤答）

などとした人もいるかもしれない。29行目の「だが」だけを見て、〈近代〉↕〈現代〉と考えたのだろう。しかし、接続語なんてものは、いくらでも省略されるということを考えなくてはいけないし、また、その役割の及ぶ範囲を

つねに考えなくてはいけない。ここでも二つ目の対立のところには「だが」が使われているが、一つ目の対立のところには何もない。「(だが) 古典的な概念のいう……」と接続語を補って考えてもいい。

Point

接続語は論理を明示する言葉だが、
省略される場合もあることを忘れず、
また、どこからどこまでを支配するかを考える。

ここではもちろん、「だが」は27行目から31行目を支配していたわけだ。

それから、もう余計な心配だと思うが、〈近代産業社会〉から変化したのが〈現代〉だという本文の全体像を忘れないように。そうでないと、〈現代〉について述べている部分だとわかりつつ、〈近代産業社会〉を答えにしてしまうかもしれない。これは罪が重い。いつも本文の全体像を頭に浮かべておくことが、つねに合格点を取り、点数を上下させないコツなのだから。

[c] を含む文は「たとえば」(32行目) で始まっているから、例示の部分である。

Point

具体例（A´）はつねに主張（A）のくり返し、その内容・意味を考えるときには、主張との同値（A＝A´）から判断してほしい。

だから、

実質は半ば以上イメージの分野にユウワしてしまう（31行目）

＝

超高速の自動車の物理的機能ですら、速度制限を持つ現代の都市では、［c］（32行目〜）

という同値をとらえて考える。すると、超高速という物理的機能、つまり一見は実質と思えるものですら、速度制限のある現代の都市では、超高速を出すわけにもいかず、結局現実にはイメージの分野にユウワしてしまっているというわけだ。つまり、実質じゃなくイメージだということ。したがって答えはウ。

［d］は、フィーリングで解いて間違う人が多いかもしれない。空欄の直後に「発見」とあるのをチラッと見て

〈ア　新商品〉（誤答）

などとしたら、最悪だ。空欄に代入したら、ウマク読めたとか、ピンと来たなんていうのは、まともな解法じゃない。大切なのは論理的にこうなるという解法だ。また空欄の選択肢というのは、代入したときにウマク読めたと感じるようなものばかりを並べる。順番に選択肢を入れていくのは最悪のやり方ということになる。できれば正解以

上にウマク自然に読める選択肢でヒッカケようとするのが出題者である。

空欄を含む文の直前の文には、「それを発見」（50行目）とあり、空欄直後の「発見」は当然この部分を受けている。あとは指示語の問題。「それ」は「どんなイメージをいかに売るか」（49行目）を指している。このことは、「……をまだ知らない」（49行目）ので「……を発見する」という因果関係によって推理できるね。48行目に「その意味でいえば」とあるので、さらにその前の文を見ると、「どの拠点をいかに攻めるか」＝「行動の目的」とされている。だから、「どんなイメージをいかに売るか」も「行動の目的」と推理できる。つまり、d＝「それ」＝「どんなイメージをいかに売るか」＝「行動の目的」という同値関係が把握できる。だから解答は〈オ　目的〉。

e は d の解答を出すときに、すでに答えが出ていたよね。e の直後にも「発見」とあるけど、この発見を行うのは「これらの集団」（56行目）であり、「これらの集団」はもちろん d の直後の「発見」を行う集団と同じだから、「どんなイメージをいかに売るか」（49行目）が e の中味ということになる。ゆえに答えは〈ウ　優れたイメージ〉。

問三は、まず傍線部(A)の内容が、本文全体を通して出てきた対立項A（現代の企業の中の集団）とB（伝統的な生産組織）のどちらに属するものであるかを考える。もちろん5段落の解説でわかるように、Bの側だ。同じ視点から、今度は選択肢を見ていこう。aは「非プログラム的な情報生産活動」とあるので13行目からAの側。bは「構成員ひとりひとりの活力を高めうる魅力あるリーダー」とあるので53〜55行目からAの側。cは「宣伝、市場調査、消費者相談、広報」とあるので18〜21行目からAの側。dは「目的が厳密に与えられており」とあるので7行目からBの側。eは「新しい情報がたえず創造され」とあるので38行目から、また「生産、販売が小集団を中心に展開され」とあるので11行目と41・42行目からAの側となる。これで答えはdと決まる。蛇足かもしれないが、この設問は比較的単純だったといえる。というのも、設問文にあった「どのような前提」という問題をまったく考えないで答えが出たからだ。もし、この入試問題が、たとえば早大みたいにもっとひねってあったら、おそらくこの〈前提〉こそが選択肢を検討するときの重要ポイントとなったかもしれない。つまり選択肢に、Bの側の〈前提〉だけでなく、Bの側の別の〈特徴〉や、〈結果〉、〈影響〉、あるいは傍線部の〈言い換え〉などが並べられたりするわけである。すると、この設問のようにA・Bに分類するだけでは答えは出ないことになる。この点で、本文はむずかしくても学習院の設問はまだ比較的楽といえるね。

問四は、**第3問**の問四でやったのと似た設問。

「本文の内容に合致したものをいくつか選べ」と設問文にあるけど、つまりこれは、

筆者のイイタイコトから推理して、大まかに正しいものと誤ったものに分類せよ

ということで、「本文の趣旨と一致するものを一つ選べ」というタイプとは違う。しかも「誤解答は正答の得点から減点する」とあるので、おそらく六つの選択肢から、その半分の三つを選べばいいのかなと推理できる。（もし、三つの正答があり、二つの正答だけを選んで一つの正答を抜かした人と、三つの正答のほかに余分に一つの誤解答を選んだ人がいたとすると同じ点数となり、誤解答ナシだけど二つの正答を抜かした人と三つの正答を選んだけど余分に二つの誤解答を選んだ人がいたとすると同じ点数、何も選ばなかった人と全部選んだ人はもちろん同じ0点となる仕組みであろう。）

選択肢を正誤に大まかに分類するつもりで検討していこう。それほどむずかしい設問じゃない。1は〈販売〉＝「セールス」（40行目）、〈個人の顔のみえる人間関係〉＝「個人の相互表現をできるだけ保証するような機構」（41行目～）というぐあいに、

選択肢の中の表現を本文中の表現に置き換えて考えれば、本文の内容に合致するといえるね。２は〈今日〉について述べているから、Ａ〈現代の企業の中の集団〉の側とかかわる話のはずである。ところが、〈作業計画の厳密化〉↕「非プログラム的」（13行目）、〈効率化〉＝「必要時間を節約」（59行目）↕「時間の節約という観念が根底から意味を失う」（61行目）というぐあいに、むしろＡの側と対立する内容となっているので誤り。３は〈消費者の需要を固定的に捉えることは困難〉＝「消費者の秘められた需要」（14行目）、〈未来の需要を発見する〉＝「消費者の自己発見を助け、企業が消費者とともに自己発見をする」（15行目）、〈創造活動〉＝「情報を創造する活動」（38行目）と置き換えられるので本文の内容と一致。４は〈今後〉について述べているから、Ａ（現代の企業の中の集団）とかかわる話のはず。ところが、〈商品の実質を欠いたイメージ商法〉↕「商品の実質とイメージは不可分の関係」（25行目〜）というぐあいに、むしろＡと対立する内容となっているからダメ。５は本文において直接論じられてはいないが、〈近代産業社会〉↕「現代の企業」（12行目）という対立を利用して考えれば、〈プログラム的〉↕「非プログラム的」（13行目）がそれぞれに対応し、また〈プログラム的〉＝「定められた目的を共有」・「キチの認識」（7行目〜）と本文中の表現に置き換えられるので、本文の内容と一致すると推理できる。６は〈大企業の時代は終わり〉↕「どんなに巨大な企業であろうと」（5行目）のくい違いからダメ。

解答（配点は50点満点とする）

問一 (1)―既知　(2)―疎通　(3)―飢・餓　(4)―融和　(5)―豪華　(6)―雰囲
(7)―誘導　(8)―駆使　(9)―怠惰　(10)―携　（1点×10＝10点）

問二 a―ウ　b―エ　c―ウ　d―オ　e―ウ　（4点×5＝20点）

問三 d　（5点）

問四 1・3・5　（正答三つに誤解答ナシで15点。正答二つに誤解答ナシまたは正答三つに誤解答一つで10点。正答一つに誤解答ナシ・正答二つに誤解答一つ・正答三つに誤解答二つで5点。それ以外はすべて0点）

Lecture 9

第7問につづいて早稲田の問題です。

この文章もまた現代社会について述べているが、**第7問**よりもさらに今日的な話題であり、内容的にも高度だった。

比喩的な表現なども多く、読みにくかったかもしれないが、こういうときほど基本に忠実な読解を心がけてほしい。

そのことに関しては、**第8問**の最初（125ページ Point）で書いたとおり。

では、**1段落**。いきなりゴジラが出て来て目を引くが、ゴジラにばかり気をとられていてはいけない。この1段落には、すでに対立項があり、ゴジラはその一方にすぎない。本文最初の接続語（69ページ Point参照）「だが」（3行目）に立チドマレば、

ゴジラ……あい変わらず昔どおり

↔「だが」↔

東　京……大きな変化＝質的な変化

という対立は容易に理解できただろう。そうして基本どおり、両者を見クラベルという作業をおこなえば、三〇年ぶりに帰って来た今のゴジラは、今の東京にとってはどんな存在なのかという問題が当然浮かび上がってくるよね。

そんなことを考えながら、2**段落**を追イカケルと、

段落冒頭の接続語「そのために」

で1段落の内容を受け、たしかにその問題が提起されている。2段落はほとんどそのくり返しだ。

もはやかつてゴジラが荒々しく踏み荒していったような主題は、ほとんど残されていない（8行目〜）

＝

そういうゴジラに、いまどき何が破壊できると言うのだろうか（11行目）

＝

いまさらゴジラが……消耗と解体を体験しつづけている私たちの現実に、新しい何かをもたらすことなどができるのだろうか（11〜13行目）

＝

だったら、いったい何が？（14行目）

というぐあいに、文章は徐々に疑問の調子を強めていく。まさに2段落は、

問題提起の段落

といってよいだろう。かつてのゴジラが荒々しく踏み荒らし破壊していったような主題が、すでに解体されつくされている今の東京において、もはや何も破壊するものがないゴジラは、いったい何をすることができるのだろうか、ということ。簡単にいえば、〈今のゴジラがもつ意味は何か〉となる。

結局、2段落までは、ひとつの疑問の提出だったといえるわけであり、疑問が出てくれば、次には必ずその解答が提出されるはずだから、3段落以下ではその解答を追イカケルべきだということになる。

Point

疑問を提出することで、問題提起をおこない、
その解答を出すことで、
イイタイコトを述べていく。

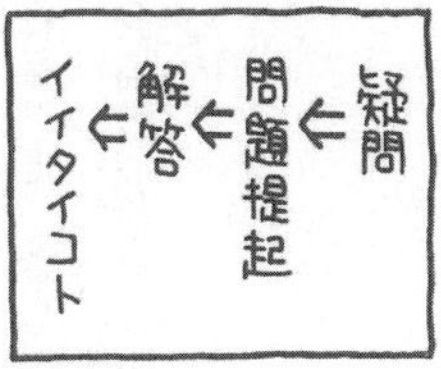

ところが、3段落は〈今のゴジラ〉については触れていない。三〇年前のゴジラの意味が簡単に述べられている。第1文に注目してみよう。「ゴジラは明らかに核兵器の屈折した暗喩《メタファー》だった」という抽象的な表現がある。もちろんこれだけではよく意味がわからないから、あとにつづく具体的内容を当てはめながら読んでいく。

Point

難解な文章を読むときには、
抽象的表現に具体的内容を当てはめる。
具体的表現に抽象的意味を当てはめる。

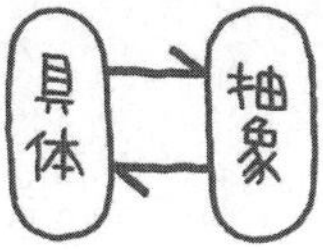

つまり、一般に説明するということは、

文房具とは鉛筆のようなものを言う

というように、文房具という抽象的表現に鉛筆という具体を当てはめるか、

鉛筆とは文房具なんだ

というように、鉛筆という具体的表現に文房具という抽象を当てはめることなんだよね。ただし、ここでいう抽象・具体とは、あくまで対比にもとづくものだから、〈文房具は人工物だ〉といった場合の〈文房具〉は、〈人工物〉というより抽象的な表現との対比から具体的表現ということになる。

じゃあ、3段落の内容にもどろう。なぜゴジラは「核兵器の屈折した暗喩《メタファー》」なのか。まずは言葉の説明。よく登場する「暗喩《メタファー》」と「直喩」について。

Point

隠喩（暗喩）……比喩であることを隠して暗示する比喩
（例）りんごのほっぺ

直喩（明喩）……比喩であることを直接に明示する比喩
（例）りんごのようなほっぺ

以上から「核兵器の……暗喩《メタファー》」＝実は核兵器を暗示するもの、と考えればよい。核兵器は「破壊を行なおうとする」（17行目～）ものであるが、それは「眠っているゴジラを目覚めさせ」（18行目）て、さらにゴジラを「破壊にむかわせる」（19行目）ものだという具体的内容を当てはめて読解すれば、「核兵器の屈折した暗喩《メタファー》」という抽象的表現が理解できる。

具体↓↑抽象

という関係を忘れないようにね。

4段落は、3段落と密接に結びついている。このことは、

段落の冒頭文の指示語

で立チドマルという基本を押さえていれば、容易にわかったはず。3段落の [A] の直前にあった「奇妙な結合《ループ》」を受けて「この奇妙な結合には……」（21行目）と始めているわけである。3段落の「ゴジラは……核兵器の屈折した暗喩《メタファー》」という内容に「近代が……かかえ込んできたモダンな主題」が表現されているという関係をとらえることが重要だが、この内容の理解がむずかしい。すごくむずかしい。

ちょっと、ひと呼吸おきましょう。じゃあ始めます。

4段落の第2文にある〈解体＝再創造〉という近代の主題の変奏は、「物質の結合のために使われているエネルギーを解放」（16行目）＝核兵器による〈解体〉とその核兵器が「眠っているゴジラを目覚めさせ」（18行目）るという〈再創造〉、さらにゴジラによる「人間の都市の破壊」（19行目）＝〈解体〉という形で表現されていたわけだ。

次に「近代アート」と「資本主義」が例としてあげられ、後者を利用して、〈解体―再創造〉という近代のモダンな主題が説明されている。例証だから、当然、第2文とは同値関係（A＝A′）にある。確認しておこう。「資本主義」は、「社会を作りあげていたコード（＝「形式や構造」）の破壊」という「解体」をおこない、それによって「自由になった人間の自然力を欲望という流体（＝「エネルギー」）に変えて、資本の水路の中に流し込」むという「再創造」をおこなう。例証（A′）のあとは結論（A）がやってくる。43ページのPointを思い出してほしい。

仮説（A）―例証（A′）―結論（A）

という展開だ。これがわかっていれば [B] の答えは簡単だった。でも、ここでは解答はあと回しにして、4段落の最終文を追イカケル。「三〇年前の東京を破壊するゴジラには……モダンな主題が……表現されていた」とある。

つまり、三〇年前のゴジラは、東京における〈解体＝再創造〉の推進力の象徴としての意味を持っていたわけである。

こんなふうに、3・4段落は、結局〈三〇年前のゴジラがもつ意味〉についてだった。3段落の解説の初め（145ページ）に言ったとおり、〈今のゴジラがもつ意味〉については述べられていない。現代のことを説明する前に、まず過去のことをはっきりさせておこうというわけだ。現代特有の問題とは、過去との相違点であるから。過去と対比したうえで、現代を考えようという手口だ。これは**イイタイコトに〈とび蹴り〉する方法**（118ページを必ず参照）を思い浮かべれば、よく理解できると思う。

5段落で君が立ちドマらなければならないのは、「けれど」（34行目）という逆接の接続語だ。段落冒頭の「むろん」で、今も三〇年前と変わりがないという方向へと話は進み、「実際」（33行目）とさらにそれを具体化して確認したうえで、

「けれど」という逆接語

により、文章は大きく屈折して反対の方向へ向かう。

Point

逆接の接続語（けれど・だが・しかし）
話題転換の接続語（ところで・さて）
によって、文章の内容は大きく変化する。

モダンな主題とは異なる新しい主題が現れてきたと告げている。じゃあ、「新しい主題」とは具体的に何を意味するのか。「新しい主題」という

抽象的表現に込められた具体性

を求めて（145ページ Point 参照）、6段落を追イカケル。この段落にも、二つの逆接の接続語「けれど」（39行目）「ところが」（41行目）があるが、大きな屈折＝内容の変化を呼び起こしているのは後者だ。前者の方はイメージの屈折・変化くらいにすぎない。逆接表現がつづくときには、

より大きな屈折・より重要な変化

が起きているのはどの逆接表現の前後であるかを見きわめることが大切になるよね。「ところが」の前後の屈折は大きい。「モダンな主題や思考法」という過去になりつつあるものを再度説明したあとで、「新しい主題」という現代の問題をとりあげている。整理してみよう。

過去の「モダンな主題や思考法」（37行目）

——「自然は……去勢されるか、さもなければ怪物的な力の世界に閉じ込められている」（37行目～）

——「破壊をつうじて力の源泉に触れる」（42行目）

↔（「ところが」）

「現代が見つけ始めている」新しい主題

——「生成する自然と人間との、もっと実のある対話」（42行目～）

「去勢」「閉じ込められている」「破壊」といった㊀（マイナス）の表現と「実のある対話」という㊉（プラス）の表現をしっかりと見クラベてほしい。そうすれば、筆者の主張がより明確にとらえられると思う（112ページ Point 参

照)。つまり、筆者は5段落の前半で述べていた「モダンな主題群」(32行目)が「地球をあますところなく、おおい尽くそうとしている」(34行目)現代を、実のないマイナスの状況ととらえ、「生成する自然と人間との、もっと実のある対話」を求めるべきだと主張しているのだ。

最後の7段落に行こう。わずか4行だけれど、重要な段落。

Point

本文の最終部分は、
イイタイコトにかかわる重要部か、または
付け足し・補足にすぎないかを判断せよ。

まず第1文で、先ほど言った6段落の主張を受け、第2文で「それどころか」とさらに主張を前へ進めているのだ。これで、この段落が重要であることはすぐ納得できるよね。

この段落でも筆者は、「モダン」(46行目)と対立するものとして「新しい主題」を取り上げている。「モダン」な主題や思考法に存在する「不完全で神経症的な知性」(45行目)の歪《ゆが》みを取り除き、〈「モダン」な状況に現れる自然の「怪物化」〉をやめて、人間の「知性の方を『怪物化』」(45行目)することが、「新しい主題」として求められるべきだと考えている。

最後に、このことをゴジラの側からとらえ直してみよう。というのも、2段落に登場した疑問〈今のゴジラがもつ意味は何か〉(144ページ)の解答を求めて、文章が展開してきたからだ。つねに文脈は疑問から解答へだね(145ページ**Point**参照)。「モダン」な三〇年前のゴジラとの対比から考えればわかりやすい。つまり、〈「モダン」な状況に現れる自然の「怪物化」〉が三〇年前に現れたゴジラの正体なのだから、その反対に人間の「知性の方を『怪物化』」することこそが、〈今のゴジラがもつ意味〉ということになる。ゴジラが僕らに放射熱線を送り、これからの知性のあり方、自然とのかかわり方をインスパイアーしてくれるというわけだ。三〇年前のゴジラは「自然破壊」の暗喩《メタファー》だったが、新しいゴジラは「生成する自然」の暗喩《メタファー》というわけだ。

ここまで読解することは、ハッキリ言って、容易ではないだろう。かなりの読解力を要すると思うが、何度も解説を読んで、君の知性の方を逞《たくま》しく怪物化し豊かに繁るジャングルにしてほしい。こんな言い方で、「怪物化」「ジャングル化」という言葉のイメージも伝わったかと思うので、最終段落の解説を終わります。

♠

本文の全体像をとらえるカギは、まず[2]段落の末尾にあったたね。「だったら、いったい何が?」という疑問だ。何度も言うようだけど、

疑問→解答

という、文章の展開パターンをよく頭に入れておいてほしい。

この構造から、意味段落も簡単に見抜ける。最初に〈今のゴジラがもつ意味は何か〉という問題提起（疑問）があり、次にそれに答えるための準備として〈三〇年前のゴジラがもつ意味〉が述べられ、最後にそれと対比する形で〈今のゴジラがもつ意味〉（解答）が語られるという段取りだ。

つまり、

第Ⅰ段落が[1]・[2]で問題提起〈今のゴジラがもつ意味は何か〉

第Ⅱ段落が[3]・[4]で〈昔のゴジラがもつ意味〉

第Ⅲ段落が5～7で〈今のゴジラがもつ意味〉となる。

▼テーマを見出す

第Ⅰ段落で提起されている問題は、第Ⅲ段落まで追求されていって答えの提出を見るのだから、もちろん本文全体のテーマといえる。

〈①（テーマ）今＝三〇年ぶりのゴジラがもつ意味〉

▼結論を導き出す

テーマに関する結論は、疑問に対する解答と言い換えられる。つまり、第Ⅲ段落（特に7）で述べられている〈今のゴジラがもつ意味〉の具体的な内容が結論といえる。

〈②（結論）生成する自然との対話という新しい主題を可能にするには、私たちの不完全で神経症的な知性の方を怪物化すべきだと暗示している〉

▼根拠を探り出す

〈結論〉は、ひと言でいえば、ゴジラの変質の結果である。したがって、根拠としては、ゴジラの意味の変質を招いた東京の変質を答えればよい。1段落に「重要なのは、そこ（＝東京）に起こり、いまも起きつつある、質的な変化」（5行目）とあった。この「質的な変化」を具体化する。

〈③（根拠）今の東京では、モダンな主題群が解体されつつある〉

◘イイタイコトに〈とび蹴り〉する方法（その4）

本文中に「モダン」あるいは「近代」という言葉が何度も出てくるけど、僕らが生きている時代は、もちろんモダンであり近代である。（世界史なんかで近代史と現代史とを分けて考える場合があるが、あれは便宜上の区分であって正当な根拠づけはない。モダン(modern)は「近代の」「現代の」という両方の意味を持っている。）したがって、〈とび蹴り〉する方法その3（118ページ）で言ったように、現代の状況の⊖《マイナス》面は多くの場合イイタイコトになるが、その現代は近代・モダンでもあるわけだから、近代・モダンの⊖から脱け出すこと（いわゆる脱近代・ポストモダン）が、イイタイコトになるということもできる。

Point

> もっとも今日的な文章のイイタイコトは、
> いかにして近代の不幸を脱け出すかという
> 脱近代・伝統回帰などの主張である。

〈とび蹴り④〉

したがって、この本文全体の大ざっぱなイイタイコトは、〈モダンな主題を超えた新しい主題が求められるべきだ〉となる。これを「ゴジラ」を使って具体的に説明すると、ほぼ要旨ができ上がる。

雑音《ノイズ》　僕らの頭の働きはあまりにもかたよっているのかもしれない。一方的に自然を分類し、自然を利用し、自然を眺めて美しいと思って満足する。しかし、いつも自然はそんな僕らの思いの外にいて、僕らの知性よりも遙かに複雑であることを忘れてはならないだろう。それどころか、自然は僕らが自然として眺めている物の外側から、僕らを包み込み、僕らの知性をためしているかのようだ。自然環境保護の問題においても、まず自然とは何かということを根本から考え直す必要がある。生成する自然は、生成する知性によってのみとらえうるだろう。

読解力開発問題　解答

〈段落〉　第Ⅰ段落　14行目まで　第Ⅱ段落　15～31行目　第Ⅲ段落　32行目から

〈要旨〉　モダンな主題群が解体されつつある今の東京に登場したゴジラは、生成する自然との対話という新しい主題を可能にするためには、私たちの不完全で神経症的な知性の方を怪物化すべきだということを暗示している。(97字)

(傍線部は重要内容《イイタイコト》)

本文はむずかしかった。でも設問も同じようにむずかしいとは限らない。ただし、いつでも本文の全体像だけは、しっかりと頭に浮かべられるように。

問一は、基本的な漢字の書き取り。きわめてやさしいものばかりだが、減点されないようにきちんとした楷書で書くこと。つまり、画数を正確に示すことが書き取りの基本だ。間違いやすいのはc。「縛」の右肩の「丶」に注意。

問二は、部分的な並べ換え問題。まず、空欄の位置に注目しよう。3段落の最終部にある。ということは、もう君はわかってると思うけど（わからない人は↓97ページへ）、3段落全体の内容から考えねばならないということだ。また、当然4段落の冒頭部にも注目すべきだ（理由がわからない人は↓116ページPointへ）。「核兵器とゴジラのこの奇妙な結合」というぐあいに、指示語を使って空欄の内容をまとめている。

以上のことをチェックし終わったら、次は**イ**～**ニ**の四つの文を見る。

イの文でチェックすべきなのは、「だが」「この」という接続語と指示語。

ロの文でチェックすべきなのは、「核兵器」が主語（つまり話題）だということ。

ハの文でチェックすべきなのは、「ゴジラ」が主語（つまり話題）だということ。

ニの文でチェックすべきなのは、「その」という指示語である。

Point

文のつながり・順序を考えるときは、
接続語・指示語を押さえるとともに
各文の話題をとらえることが先決である。

このような整序問題では、いきなり頭から答えを決めるのでなく、はっきりとしたつながり・順序から押さえていく。まず**イ**の「だが」という逆接の接続語と「この破壊」という表現から、**イ**の前にくる文は、**イ**と対立関係にあり、その文で「破壊」が語られていることがわかる。したがって、**ニ→イ**となる。次に**ニ**の「その力」という表現から、**ニ**の前にくる文では、ある種の「力」について語られていることがわかる。しかしこれだけでは、**ロ→ニ**であるか**ハ→ニ**であるかは決められない。そこで先ほど言ったように、

空欄の前後をチェックしておく

ことが大切になってくる。**A**＝「核兵器とゴジラのこの奇妙な結合」については、3段落に「核兵器は……エネルギーを解放し……地球的な規模の破壊を行なおうとする。この核兵器が……ゴジラを目覚めさせ……都市の破壊にむかわせるのである。ここには、奇妙な結合《ループ》が起こっている。」（15〜19行目）とあった。

つまり、

核兵器→自然の破壊→自然の逆襲→ゴジラ→都市の破壊

というわけである。これで、**イ→ハ**、**ロ→ニ**が決まり、先ほどの**ニ→イ**と合わせれば答えは**7**と決定する。

問三は、ふつうの空欄補充。まず、**B**を含む文をチェックすると、その冒頭に「そこでは」と指示語があるので、その直前の一文もチェックしておく必要がある。また4段落の解説（147ページ）で言ったように、この段落はA（仮説）—A´（例証）—A（結論）という構造をしており、**B**はA（結論）のところに位置しているから、A´（例証）をとばして、A（仮説）にもどって解答を考えるべきだ。

すると、

A（仮説）形式や構造の解体と、それによって自由になったエネルギーをもとにした再創造という主題を、たえることなく変奏しつづけてきた。（23行目〜）

＝

（A´）

＝

A（結論）そこでは、形式の解体破壊による自然力の解放とそのコントロールが、「 B 」という名前のもとに、くり返し語り続けられてきた。（28行目〜）

という同値関係から、 B に入る解答内容は「再創造」。よって答えは2。

あらかじめ例の部分（A´）を（　）に入れて読んでいれば、答えが出しやすかったというわけだ。このことについては、すでに言ったから、もういいよね。（忘れた人は↓58ページへ） Point

次に C 。 B と同じように基本どおり、まず、空欄を含む文全体をチェックしてみると、 C は「資本主義」と並列されていて「モダンな主題」を「象徴（＝たとえばハトによる平和のように、具体的なものによる抽象的なものの表現）する」ものであることがつかめる。

また C を含む文は段落末尾にあって、

次の段落の冒頭に「むろん」

とあるから、次の段落の冒頭で再び C を含む文の内容に触れている可能性が大きい。そこで次の段落の前半を読むと、「モダンな主題群」（32行目）を「実際」（33行目）に示すものとして、「核兵器」（33行目）を「資本主義」

（34行目）と並列してあげているから、解答は〈6　核兵器〉と決まる。

問四へ行こう。問三の B は同値から、 C は並列から答えが出たが、今回は対立から答えが出る。対立を問う設問は意外に正答率が低いので気をつけてほしい。

Point

設問を解くときには、解答の根拠として、
同値・並列の関係だけでなく、
対立関係も見落とさないように注意！

D を含む 6 段落は、解説（149ページ）で言ったように、「ところが」（41行目）の前後が、「モダンな主題や思考法」（37行目）↕「現代が見つけ始めている」新しい主題（41行目）、という対立関係になっており、 D は前者の側だから、

モダンな主題…… D ……………………………………A
↔　　　　　　　↔　　　　　　　　　　　　　　　　↔
新しい主題……生成する自然と人間との、もっと実のある対話……B

ということになり、D の解答内容が推理できる。また、7段落も6段落を受けており、傍線部ロの部分から、

モダンな主題……不完全で神経症的な知性…………A

↔　　　　　　↔　　　　　　↔

新しい主題………知性を怪物化・ジャングル化……B

という対立も読みとれる。したがって2組の対立関係から D ＝「不完全で神経症的な知性」より、解答は〈3 自然に対する神経症的な恐れ〉。

問五は、二つの点に注意することが必要だった。一つは、**傍線内の指示語の対象をとらえる**ことだ。「そこ」とは、モダンな主題をかかえた三〇年前の東京から「大きな変化」（4行目）をとげた新しい主題をかかえた現代の東京である。

もう一つ注意すべきは、設問文に「どの方向への変化のことか」とある点だ。

以上二つのことから、現代の東京がどの方向をめざしているかを答えればいいことがわかる。問四で見た6段落の対立関係から解答内容が推理できるし、7段落の冒頭部がそれをコンパクトにまとめて「生成する自然と人間との対話をめざそうとする」と表現しているから、ここから答えを抜き出せばいい。「どの方向への」という設問文の要求にピッタリだよね。こうやって、

表現で解答の確認

ができれば、言うことなしである。

問六は、問五につづいて抜き出し問題。「モダンな主題」が説明されていたのは、本文の解説でみたように4段落だった。そして問三の解説で示したように、それは仮説と結論という形でくり返し説明されていた。当然この二箇所のどちらかに解答がある。内容の点からいえば「形式や構造の解体と……再創造」（23行目）がベストだが、残念ながら字数オーバー。「三十字以内」という条件を考慮すると、

「解体と、それによって自由になったエネルギーをもとにした再創造」が解答の候補となる。しかし、これでは「解体」の対象が欠けてしまうため、説明が不十分になって内容がはっきりしない。そこでもう一方の箇所から、「形式の解体破壊による自然力の解放とそのコントロール」（28行目〜）という解答の候補があがる。ところがこちら側には、「再創造」という要素が入っていない。ただし、問三でわかったように、B には「創造」が入るから、こちら側の内容は「『創造』という名のもとに……語り続けられてきた」わけであり、創造という名のもとに語り続けられてきたものの実質だといえる。したがって、「（再）創造」という名目はあえて解答に入れなくてもよいと判断できるから、こちらの側が解答となる。

問七に行こう。選択肢の文が長いのが特徴だ。こういった設問では、一息に答えを出そうとせず、

大まかな論理で候補を絞ってみる

ことも大切だ。まず傍線内の「新しい主題」とは「生成する自然と人間との対話」（44行目）をすることだから、候補は**2**、**4**、**5**に絞られる。あとは消去法でいくと楽。**2**は〈破壊をくり返す怪物の乱流を構造化させる〉が間違い。〈怪物の乱流を構造化〉は意味不明に近い。

難解な表現に目を奪われないように。

あくまで重要なのは内容だ。4は〈むしろ自らが怪物となってジャングル的な流体化をめざす〉が間違い。選択肢4はタコツボ。もし君がこれを選んでいたとしたら大変だ。〈むしろ〉〈怪物〉〈ジャングル〉〈流体〉と本文中の言葉を使っているだけで、内容はメチャクチャ。〈自らが怪物となって〉〈ジャングル的な流体化〉とは、いったい何を意味するのか、これまたよくわからない。

重要なのは本文中の言葉の使用ではない。

あくまで内容理解が先決。

したがって、答えは5となる。確認しておこう。5には〈近代の知性の垣根をとり払って、かつて怪物であった自然の世界に融和していく必要がある〉とあるが、これは6段落の第2文の「そこ（＝モダンな主題や思考法）では自然は……怪物的な力の世界に閉じ込められている」という部分に対応しており、このモダンな状況を打開することを訴えているから、「モダンの先に見えてきた新しい主題にとっては重要」ということになるので正解といえる。

問八は、趣旨判定問題。1は4段落と6段落の趣旨に合っている。2に関しては〈いま姿を現わそうとするゴジラは……〉とあるが、〈資本主義〉など、書かれている内容はすべて〈はじめに出現したときのゴジラ〉のことだから誤りである。3の〈資本主義はいまや崩壊のさなかにある〉が、本文中の「資本主義は地球をあますところなく、おおい尽くそうとしている」（34行目）と食い違うので完全な誤り。しかし、もし本文をしっかりと読まずに、自分の常識で解こうとすると、正解と思えたかもしれない。今さら、言うまでもないと思うけど、

常識通りは、むしろタコツボ！

ということを忘れないように。4は2段落と5段落の趣旨に合っている。5は本文のどこにも書いていない。〈怒りの反撃〉とはいったいなんだろう。笑ってしまう。でも、もしこれを選んだり選びそうになったりした人がいたとした

ら、それは、やっぱり〈核兵器を乱暴なやり方で作り出す近代の人間の思いあがり〉という、どこかで聞いたような、常識的で強い調子の表現に心を引かれたからだと思う。もちろん、こんな表現こそ、出題者のヒッカケであることは間違いない。注意しよう。早稲田の問題はタコツボの連続ですね。

解答（配点は50点満点とする）

問一 a―獣　b―廃　c―縛　（3点×3＝9点）
問二 7　（6点）
問三 B―2　C―6　（3点×2＝6点）
問四 3　（4点）
問五 初め―生成する　終わり―との対話　（5点・完全解答）
問六 初め―形式の解　終わり―トロール　（5点・完全解答）
問七 5　（5点）
問八 1・4　（5点×2＝10点）

Last Lecture

最後のレクチャーは、本文を大まかに読解します。その方がより実践的な解説となるだろうし、読解の方法についてはすでに説明が終わったから。

実をいうと、この問題は僕が受験生のときに勉強したことがあるもので、確かにちょっと古いものだけど、本文の内容は今でも新鮮だし、共通テストの原点となった東大の一次テストなので、取り上げてみることにした。

本文の内容がむずかしい点と、本文の全体像をとらえることが解答の必須条件となっている点では、昔から変わらない現在の東大入試と共通テストの第1問の傾向と同じといえる。もちろんレベルとしてはかなり高いものだと思う。もっとも人間というのは都合のいいもので、当時、僕がどの程度理解し解答できたかは、まったく覚えていない。

まず1**段落**では、対立項がチェックできたはず。本文冒頭の「文化・自然・歴史・理性・伝統といった翻訳語」に関してだ。

翻訳語
- 動的な原義＝実践的なあり方……A
- ↔
- 静的で固定した抽象概念……B

という関係が読み取れれば、あとは簡単。要するにわれわれは、「Aから切りはなされて、……Bのみを受けとっている」(3行目〜)からダメだという議論展開だ。

2段落に行こう。1段落に出てきたBのみではダメだということから、「われわれの『思想』を、『考える』という行為にひきもどす唯一の方法」(10行目〜)はAへの転換だということをくり返し述べている。つまり、

あらゆる概念を、その動詞形にもどしてみること(10行目)

=

言葉をその動的なあり方において考えてみればよい(13行目〜)

=

実践的な在り方(17行目〜)

が重要だというわけだ。表現として少しわかりにくいのは17行目の「行為をおいて」かもしれない。〈行為なしに〉と言い換えておけばいい。

3段落では、「自然という概念」(20行目)を取り上げているが、これはすでに、1段落の冒頭で「文化・自然・歴史・理性・伝統といった翻訳語」(1行目)また2段落の冒頭で「あらゆる概念」(10行目)という表現で取り上げられていたものの一つである。それにしても、なぜここで「自然」だけをわざわざ取り上げるのか。そのカギは冒頭部の4行にある。「たんにそれだけにとどまらず」(21行目)とあるから、そのあとの「われわれの思弁的問題の根幹を占めている」(22行目〜)が最大の理由であった。また、1・2段落で展開されていた議論は、当然「自然という概念」にも当てはまる。このことを述べているのが段落末尾の一文で、「なすべきこと」は「自然」を「その動詞形において考えてみること」つまりAだと言ってるわけだよね。

[4]**段落**は、「自然という概念」がどのような変遷を経てきたかを、「『ヨーロッパの言語』によると」という形で紹介している。

[5]**段落**は、[4]段落で紹介された本の中からの実際の引用。

結局、[4]・[5]段落は、筆者の主張（Ａへ）を裏づけるための引用例（Ａ´へ）だった。つまり、自然は本来、「先《ま》ず」（34行目）Ａであったということ。

自然をその動詞形において考えてみること（28行目〜）……Ａへ

＝

産出すること、もしくは産出させる能力（30行目〜）………Ａ´へ

＝

万物の生成・産出の力であり、生成の過程（34行目〜）……Ａ´へ

という、Ａ＝Ａ´関係の把握が大切なわけだよね。もちろん、[4]・[5]段落はすべてＡ´として（　）に入れて読みとばしていい。

最後の[6]**段落**は、まず[4]・[5]段落の内容を筆者の言葉で要約している。「自然という語」（37行目）が、Ａ＝「人間の活動をもふくんだ動的な在り方」（37行目〜）からＢ＝「外的な対象物」（38行目）に変化していったというぐあい。さらに「十九世紀以来もっとも本質的な思想家」（39行目〜）として様々な有名人（マルクス・ニーチェ・ベルグソン）を連れて来て、「……といった人々の共通課題が、naturaを原義において蘇生《そせい》させることにあったことは明らかである」（43行目〜）というように、自然をＡへと転換して考えるべきだということを間接的に述べている。結局これは[3]段落と同じ主張だ。最終文はマトメ。言葉を補うと、〈われわれの「思想」という静的で固定

した抽象概念〈B〉を、「考える」という動的な行為〈A〉において蘇生させることが大切である〉ということ。

これで、いちおうの本文の読解が終わったことになる。つまりは本文の

同値・対立という論理関係

を読み取る作業が、入試現代文の読解の基本であったということ。

♠

本文全体の読解に行こう。もちろんここでは、

段落間の論理関係

を読み取ることが重要だ。

まず段落分け。これは各段落の話題を把握することが重要。

第Ⅰ段落が1・2で〈文化・自然・歴史・理性・伝統といった概念〉について、

第Ⅱ段落が3〜6で〈自然という概念〉について

となる。しかも、その話題について述べられていることは同じだから、

A…第Ⅰ段落（あらゆる概念についての議論）

＝

A…第Ⅱ段落（自然という概念についての議論）

という同値関係が成立していた。

この関係をもう少し厳密にとらえれば、第Ⅰ・Ⅱ段落を合わせた本文全体のテーマ・結論が見えてくる。

▼テーマを見出す

第Ⅰ段落での議論は、2段落の冒頭部にみられるように、

〈あらゆる概念を、その動詞形にもどしてみる

↓「思想」を、「考える」という行為にひきもどす〉（10行目～）

第Ⅱ段落での議論は、3段落の末尾と本文末尾からわかるように、

〈自然をその動詞形において考えてみる（28行目）

↓「思想」を、「考える」という行為において蘇生させる〉（46行目）

である。もちろん、両段落の大きな共通点が、文全体のテーマだから、

〈①（テーマ）「思想」を「考える」という行為にひきもどして蘇生させる〉

▼結論を導き出す

第Ⅰ・Ⅱ段落の関係をさらに厳密に考えると、第Ⅰ段落は〈自然をふくむ、あらゆる概念〉について述べており、一方第Ⅱ段落は〈自然という概念のみ〉について述べているが、この文章はいったいどちらに重点があったのだろうか。ここで、例というものについて、少し考えてほしい。例とは論に対する影のような存在である。それならば大きな例があることは、大きな論のあることの証明となるだろう。この本文では、4・5段落が最大の例であった。それは〈自然という概念〉に対するものだから、〈自然〉についての議論は単なる例ではなく最も大切な内容であり、逆に〈あらゆる概念〉に関する議論の方が前提で、〈自然〉の方が「われわれの思弁的問題の根幹を占めている」（22行目～）重要な主張と考えていい。したがって、

〈②（結論）自然という概念をその動詞形にもどして考えてみることが大切だ〉

（テーマ）にあった「思想」に（結論）の「自然という概念」が含まれ、（テーマ）にあった『考える』という行為にひきもどして」が（結論）の「動詞形にもどして」に重なり、「蘇生させる」（テーマ）＝「大切だ」（結論）＝⊕となるので、ここでもイイタイコトは本文のテーマの中にあったと言える。

また、この内容は、人によってはイイタイコトに〈とび蹴り〉する方法（152ページを必ず参照）によって把握できた人もいたかもしれない。知識があればそんな推理も可能だろう。

▼根拠を探り出す

なぜ、筆者が「あらゆる概念」の中で、特に「自然」にこだわり重視するのかを考えればいいね。そのことに関しては、第Ⅱ段落の冒頭部（3段落）で述べていた。

〈③（根拠）自然という概念は、われわれの思弁的問題の根幹を占めている〉

雑音《ノイズ》　何かについて考え、それを一つの思考や思想としてまとめようとするとき、人はつい身勝手に場面や情況を意味や感情に抽象化して固定的にとらえようとするのかもしれないが、結局それは真実から遠ざかることにすぎないだろう。たとえば自分の一日のことをふりかえったとき、それを大きな生の流れの中でとらえない限り、多くはなんのドラマもない平穏な日々に見えてしまう。しかし確実に僕らの生は毎日変化し流動しているはずである。動きの見えないところでは真実はとらえられていないのだ。自然が常に変化していくように、刻一刻とすべての人の魂も身体もしぶきを浴びて運命の中を流れているのにちがいない。

読解力開発問題 解答

〈段落〉 第Ⅰ段落 19行目まで 第Ⅱ段落 20行目から

〈要旨〉 「思想」を「考える」という行為にひきもどして蘇生させるためには、われわれの思弁的問題の根幹を占めている自然という概念を、その動詞形にもどして考えてみることが大切だ。（82字）

（傍線部は重要内容《イイタイコト》）

設問イ。 このレクチャーの最初で言ったように、本文の全体像、つまりは要旨をとらえることが解法の第一歩である。全体から見て、1段落で重要な議論は、「文化・自然・歴史・理性・伝統といった翻訳語」（1行目）＝「名詞（概念）」（2行目）が、「動的な原義」（2行目）＝「実践的なあり方」（3行目）から切りはなされて、「静的で固定した抽象概念」としてのみ受けとられている、ということだった。

傍線内の指示語「そこ」が「静的で固定した抽象概念」を指すため、「実は何の意義ももちえない」という

傍線内の㊀《マイナス》判断が出てくるわけ。このつながりを押さえれば、解答は〈2〉と決まる。念のために、他の選択肢を検討しておこう。〈1〉は〈それらは無意味な概念である〉と述べているが、「実践的なあり方」から切りはなさないで考えればいいわけだから、それらの概念自体を無意味と断定するわけにはいかない。〈3〉も〈1〉と同様に、〈無意味な観念の

遊びにとどまる〉というのが間違い。そうならないように「実践的なあり方」から考えればよいというのが、筆者の主張だ。〈4〉は、〈反文化・反伝統・反歴史〉の方だけが〈そのような意味（＝実践的なあり方）において把握することが不可能な概念である〉と述べているが、こんなことは本文に書いてないからダメ。

設問ロ。本文の解説でも言ったことだけど、3段落では「自然という概念」（段落冒頭）が取り上げられるが、これは2段落の「あらゆる概念」（段落冒頭）に含まれるものだから、2段落の議論は当然3段落に当てはまる。

2…実践的な在り方から遊離した論理は、いかに論理的であっても、言葉というイドラのなかで空転しているにすぎない（17〜19行目）

⇧

3…ルソーやホッブスには、それぞれの根拠がある。だが、そのレベルで考えているかぎり、われわれは堂々めぐりをするほかはない（26行目〜）

という論理の把握が重要だ。よって、解答は〈4〉。他の選択肢の内容は、本文にまったく書かれていないことを含んでいるからダメ。〈1〉の〈選択するための根拠〉〈超克する思想〉、〈2〉の〈現代社会〉〈有効性〉、〈3〉の〈西欧の十七・八世紀の状況において有効〉〈激しい社会変動を経た現代社会〉など、本文では話題にもなっていない。

もっともらしい**常識＝タコツボ**を忘れないでね。

設問ハ。空欄の直前にある「十九世紀以来もっとも本質的な思想家」の具体例が空欄のあとから並んでおり、「固定化してしまった思考を逆転あるいは動的にしようとした」（42行目〜）「原義において蘇生させる（＝生き返らせ

る)」(44行目)と書かれている。これで、

から、空欄に入る内容が推理できる。また、この空欄を含む文は、

A=A´(例)という同値関係

「そして」という話題継続の接続語

で始まっているため、その前の説明とセットで読む必要があった。「そして」の前の箇所では、「動的な在り方から……外的な対象物の意に転化」(37行目〜)ということが議論されていた。以上のような空欄前後の読解から、解答は〈2〉。もちろん〈その過程〉とは「動的な在り方から……外的な対象物の意に転化」を指しており、それを〈逆にたどろうとした〉ということは、「固定化してしまった思考を逆転あるいは動的にしようとした」ことになるし、それは「原義において蘇生させる」ことを課題とすることにほかならない。〈3〉の〈言葉を……用いた〉だけでは、「思想家」の「共通課題」(43行目)にはならないし、そんなことは本文に書いてない。〈4〉の〈思想〉と〈実践〉などという話は、本文で話題にもなっていない。

頻出する語句にだまされないように!

もう言うまでもないと思うけど、〈1〉のように積極的な解答根拠を持たないものは、絶対に解答にならず、ただフィーリングで空欄に入れてみたくなるタコツボである。

設問ニ。傍線内の「ソクラテス」という超有名な人物名のところで考え込んでしまった人は、まだ現代文という入試科目がよくわかっていないことになる。だってこの科目は、文学史や語彙設問でもない限り、直接知識を問うてくるはずがないから。そんなことよりも、もっと大切なのはあくまで、

文と文との関係

の把握である。直前の文で「原義において蘇生させる」（44行目）と言ったあとで、「大切なのは、しかし」（44行目〜）と念を押して、「もとの意味を知識として知ることでもなければ、『ソクラテス以前』にもどること」でもなく「現実に」（46行目）と念を押して、「行為において蘇生させることである」と述べている。

つまり、ここには、

もとの意味を知識として知る（45行目）
「ソクラテス以前」にもどる（45行目）

↔

現実にわれわれの「思想」を、「考える」という行為において蘇生させる（46行目）

という並列と対立の関係がある。これが、もちろん解答の根拠。解答は〈3〉となる。つまり〈3〉は、「もとの意味を知識として知る」と並列されていることから推理できるように、結局〈もとの意味において用いる〉という内容であり、1段落の解説（163ページ）のA（過去の本来の言葉の使用法）に当たり、「ソクラテス以前」という過去を示す表現にもピッタリ。また、「現実にわれわれの『思想』を、『考える』という行為において蘇生させる」という筆者の主張は、B→Aへの移行を言っているわけで、これは〈2〉に当たる。傍線部は筆者によって否定される内容だから、もちろん〈2〉はマチガイ。〈1〉は、1段落の解説のB（現在の言葉の使用法）に当たるのでダメ。これはすでに否定されていたことであり、「ソクラテス以前」という過去にはならないから、誤りである。これで筆者の議論の運び方がわかっただろうか。本文の冒頭でBを否定し、末尾でAを否定し、B→Aという運動性がなければだめだと言いたかったわけである。〈4〉は当然、ひどいタコツボ。傍線部にソクラテスとあるので、即《そく》ソクラテスというわけだろうが、〈ソクラテス以前の哲学〉が何かという説明など、本文のどこにもない。本文になければ答えにならない。

解答（配点は50点満点とする）

設問イ—2　（14点）
ロ—4　（14点）
ハ—2　（8点）
ニ—3　（14点）

では、これですべてのレクチャーを終わります。がんばってと言うのはあまり好きじゃないので言いませんが、入試ではうまくやってくださいネ！

さよなら。チャオ！　チャオ！

Good luck！（行ってらっしゃい！）

現代文読解力《げんだいぶんどっかいりょく》の開発講座《かいはつこうざ》〈新装版《しんそうばん》〉

著　者　霜《しも》　栄《さかえ》
発行者　山　﨑　良　子
印刷・製本　日経印刷株式会社

発行所　駿台文庫株式会社
〒101－0062　東京都千代田区神田駿河台1－7－4
小畑ビル内
TEL. 編集 03(5259)3302
販売 03(5259)3301
《⑲－240pp.》

ISBN978－4－7961－1432－5　Printed in Japan

https://www.sundaibunko.jp
駿台文庫 Web サイトはこちらです→

■本文図版 芝野公二